웃음

무엇이 우리를 웃게 하는가
희극적인 것의 의미에 대하여

–

앙리 베르그송

isonomia'

무엇이 우리를 웃게 하는가
희극적인 것의 의미에 대하여

앙리 베르그송

웃음

신혜연 번역

베르그송
웃음

발행일 ｜ 2021년 11월 15일 1판 1쇄

지은이 ｜ 앙리 베르그송
번　역 ｜ 신혜연
편　집 ｜ 마담쿠, 코디정
디자인 ｜ 서승연
마케팅 ｜ 우섬결

펴낸곳 ｜ 이소노미아
　　　　 서울시 종로구 율곡로 2길 7 서머셋팰리스 303호
　　　　 Fax. 02-568-2502
펴낸이 ｜ 구명진 (h.ku@isonomiabook.com)

ISBN 979-11-90844-14-7 03160

LAUGHTER

AN ESSAY ON THE MEANING OF THE COMIC

(1900)

Henri Bergson

우리말 번역 | 신혜연

대학에서 의상학을, 영국에서 영어를, 대학원에서 번역학을 공부했다. 성균관대학교에서 영문학 석사학위를 취득. 바른번역 글밥 아카데미를 거쳐 전문 번역가로 활동 중이다. 〈최면술사: 마크 트웨인 단편집〉, 〈악몽〉, 〈교외의 사탄〉, 〈얼굴, 감출 수 없는 내면의 지도〉, 〈황금 살인자〉, 〈세상을 비추는 거울, 미술〉, 〈미술의 세계〉, 〈이만하면 충분한 삶〉, 〈나는 내가 먼저입니다〉 등을 번역했다

"비극의 주인공은 먹지도, 마시지도,

불을 쬐지도 않습니다.

심지어 앉지도 않아요."

목차

**이 책의
번역은**

탁월한 번역가가 이 책을 번역했다. 우리는 이 책을 영국의 교육자이자 작가인 브레레턴(Cloudesley Brereton)과 프레드 로스웰(Fred Rothwell)이 함께 번역한 〈LAUGHTER: AN ESSAY ON THE MEANING OF THE COMIC〉(1911)를 저본으로 삼고 번역하되, 베르그송의 1900년 원작인 〈Le Rire〉을 참고하면서 작업했다.

원작이 불어로 쓰였으니 불어 원작을 저본으로 삼는 것이 올바른 것처럼 보인다. 흔히 그렇게들 번역한다. 하지만 그런 방식보다 더 올바른 가치가 있다. 번역은 너무 중요해서 번역가 한 사람의 스킬에 전적으로 의존해서는 안 된다는 것이다. 무슨 일을 하든 우리는 언제든지 잘못을 저지를 수 있다. 실수는 항상 발생한다. 그렇기 때문에 그런 실수와 잘못을 교정할 기회가 필요하다. 만약 프랑스어를 잘 모르는 우리가 멋을 추구하여 프랑스어 원본을 저본으로 선택했다면 우리는 교정 기회를 잃고 말았을 것이다. 번역가와 편집자의 공동작업은 불가능했을 것이다. 이 책은 검증된 영어 번역본을 저본으로 삼는 번역 작업이 얼마나 탁월한 성과에 이를 수 있는지를 보여준다.

위대한 사상이 조악한 한국어 문장으로 표현되고 만 책들이 얼마나 많은가. 문제를 그렇게나 자주 목격하고서도 왜 아직도 운이 좋으면 '번역', 운이 나쁘면 '반역'에 머무는가. 번역은 도박이 아니다. 첫째 저자의 진심과 명예를 위해서, 둘째 저자의 진심을 체험하고 싶은 독자들을 위해서, 마지막으로 번역가의 성과에 감탄하기 위해서라도 번역가와 편집자는 함께 작업해야 한다. 편집자의 관점에서 말하자면, 우리는 번역가가 우리말로 펼쳐내는 세계 안으로 들어가 교정의 기회를 얻으면서, 번역가가 짊어진 고뇌의 일부를 함께 체험한다.

인문학 출판은 지혜의 세계에 독자들을 초대하는 연회이다. 이 연회는 언어로 만들어진다. 다른 언어를 사용하는 사람들은 특별한 어려움을 겪을 수밖에 없다. 초대장이 있어도 출발언어와 도착언어 사이에 있는 다리를 건너야 한다. 우리가 생각하는 번역은 초대장을 든 독자라면 누구나 이 다리를 쉽게 건널 수 있도록 도와주는 일이었다. 그러므로 번역은 저자만을 생각한다거나, 이미 그 다리를 건너서 '우리'라는 의식을 공유하는 사람만을 생각해서는 안 되는 작업이었다. 알고 있는 지식에 도취되어 자기들끼리 소통하다 보면 그 지식 바깥에 있는 사람들이 타자화되고 타자화된 사람들은 자연스럽게 잊히고 만다. 지식의 독점은 타자의 배제와 거의 동시에 일어난다. 우리는 이런 오래된 문화에 동참하고 싶지 않았다. 지혜의 세계에 들어가는 초대장을 이제 처음 받아 본 사람들이, 그 다리를 한 번도 건너본 적 없는 사람들이 어떻게 그 세계에 쉽게 들어갈 수 있을까? 저자의 언어만을 생각하지 않고 타자들이 쉽게 이쪽으로 건너올 수 있는 언어를 함께 고민해야 한다는 것이 우리의 관점이었다. 그리고 이런 우리의 어려운 요구를 수용하면서 독자를 위해 이처럼 멋진 번역을 해내신 번역가의 이름을 독자 여러분께서 기억해 주시면 좋겠다.

신혜연 선생의 작업 덕분에 베르그송이 우리에게 온다. 베르그송의 〈웃음〉이 출간된 지 백 년도 더 지난 지금 이 시대, 그것도 수많은 한국인에게 베르그송의 생각이 전해진다. 이것은 순전히 이 책을 번역하신 신혜연 선생의 노력과 그 노력 속에서 나오는 고통의 결과물이다. 이 책에 수록된 문장에서 잘못과 실수가 있다면 그것은 전적으로 편집자들의 책임임을 밝히면서 독자 여러분께 우리말로 번역된 베르그송을 제안한다.

-이소노미아 편집부

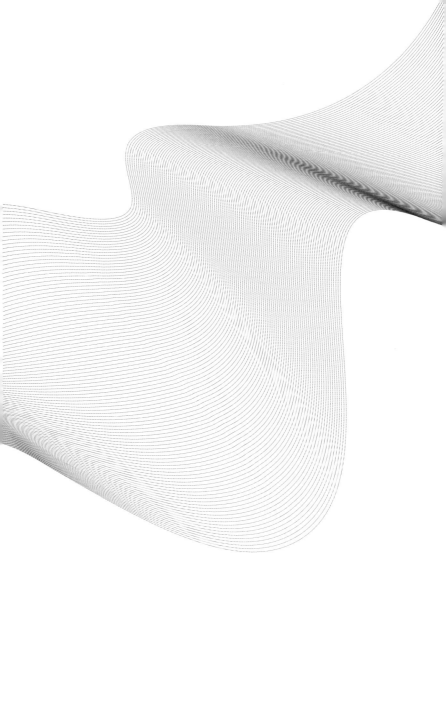

제1장　웃음

희극성 일반

— 형태와 움직임에 담긴 코믹[01] 요소

— 희극성의 확산력

---

01   Comic은 {희극성, 코믹}이라는 번역어 집합 중에서 어느 하나를 임의로 선택해서 번역했다. 대체로 '희극성'으로 번역하되, 지나친 반복을 피할 때 또는 접미사 '성'에 내재된 모호함으로 말미암아 '희극성'의 의미가 잘 전해지지 않는 경우 '코믹'이라는 단어를 사용했다. 따라서 이 책에서 '희극성'과 '코믹'은 같은 말이다. 마찬가지로 'comedy'는 {희극, 코미디}라는 번역어 집합을 사용했다.

웃음이란 무엇을 의미할까요? 웃음의 기저에는 과연 어떤 요소들이 있을까요? 어릿광대의 우스꽝스러운 표정이나 재치 있는 말장난, 익살극에서 연출되곤 하는 애매모호한 상황과 저질스럽지 않은 고급 코미디 장면들에서 우리는 어떤 공통점을 찾을 수 있을까요? 도대체 어떤 증류법을 썼기에, 지독한 악취를 풍기기도 하고 은은한 향기를 내뿜기도 하는 이토록 다양한 상황에서 웃음이라는 동일한 원액이 매번 추출되는 것일까요? 이 사소해 보이는 문제의 답을 찾기 위해 아리스토텔레스 이래로 많은 위대한 사상가가 고군분투해 왔지만, 그 노력이 무색하게도 의문은 슬그머니 사라지는 것처럼 보였다가 다시 불쑥 튀어나오곤 했습니다. 철학 입장에서는 만만치 않은 시험대였던 셈이지요. 그런데 새삼 지금에 와서 다시 이 문제를 꺼내는 이유는 희극성을 한 가지로 규정짓고 그 안에 가두기 위해서가 아닙니다. 우리는 이것을 하나의 살아있는 존재로 볼 것이며, 아무리 사소하더라도 생명체를 대하듯 경외심을 가지고 대할 것입니다. 그리고 희극성이 커지고 확산되는 양상을, 눈에 띄지 않게 조금씩 변형을 거듭하다가 결국에는 희극성이 펼쳐 내는 예상 밖의 탈바꿈을 그저 가만히 지켜보기만 하겠습니다. 우리는 우리가 목격한 그 어떤 것도 간과하지 않을 생각입니다. 오래 지켜보다 보면 어쩌면 추상적인 정의보다 유연한 그 어떤 것, 다시 말해 오랜 교제관계에서 생겨나는 실질적이고 사적인 정보 같은 걸 얻게 될지도 모르니까요. 뜻밖의 유용한 지식을 얻게 될 수도 있고요. 왜냐하면 희극성은 아무리 별난 형태를 갖고 있더라도 나름 합리적이기 때문입니다. 그것은 광기 어린 형태일 때에도 나름의 질서를 갖추고 있지요. 꿈에 나타나는 경우에도 사회 전체가 즉각 이해하고 받아들일 만한 환상을 그려냅니다. 따라서 인간의 상상력, 특히 사회적, 집단적, 대중적 상상력이 작용하는 방식을 이해하는 데에도 희극성이 도움을 줄 수 있지 않을까요? 코믹은 현실에서 비롯된 것이면서 동시에 예술에도 가깝지요. 그런 점으로 볼 때, 삶과 예술에 대해 코믹이 우리에게 말해 줄 뭔가가 있지 않을까요?

먼저, 가장 기본적이라고 간주되는 세 가지 고찰을 살펴보겠습니다. 이들은 코믹 자체보다는 코믹이 작용하는 영역과 관계가 있습니다.

1. 사람들을 웃게 하는 세 가지 기본 요소

첫 번째 고찰, 희극성은 오로지 **인간적인** 영역에만 존재합니다. 풍경에는 아름다운 풍경이나 매력적인 풍경, 장엄한 풍경, 보잘것없거나 흉한 풍경이 있지요. 그러나 우스운 풍경은 있을 수 없습니다. 동물을 보고 웃음을 터트릴 수야 있지만 그건 그 동물이 사람처럼 행동하거나 사람 같은 표정을 지었을 때입니다. 모자를 보고 웃음이 터질 수는 있지요. 그 모자의 재료인 펠트나 밀짚 때문이 아닙니다. 인간이 모자에 부여한 형태, 바로 그 형태에 담긴 인간의 순간적 충동 때문이지요. 이토록 단순하면서도 중요한 사실이 철학자들로부터 큰 관심을 끌지 못하다니 이상한 일입니다. 몇몇 철학자들은 인간을 '웃는 동물'이라 정의하기도 했는데, 그렇다면 '웃기는 동물'이라 정의할 수도 있지 않을까요? 만일 어떤 동물이나 사물이 이런 효과를 낸다면, 언제나 인간과 닮은 점이 있어서이거나, 또는 인간이 그것에 부여한 특징이나 용도 때문일 테니 말입니다.

두 번째 고찰, 통상적으로 웃음에는 **감정의 부재**가 동반됩니다. 말하자면 코믹은 마음이 완전히 고요하고 차분한 상태일 때에만 그 돌발적인 효과를 불러일으킬 수 있다는 이야기입니다. 따라서 웃음에서 감정보다 큰 적은 없습니다. 웃음은 무심한 상태에서 자연스럽게 터져 나오는 것이기 때문이지요. 그렇다고 해서 연민이나 애정을 불러일으키는 사람을 보고는 웃을 수 없다는 얘기는 아닙니다. 그런 경우에는 우리의 애정을 잠시 접어 둬야겠지요. 연민도 잠재워야 합니다. 순수한 지성으로 이루어진 사회라면 눈물이 없어도 웃음은 존재할 것입니다. 반면 고도로 감정이 발달된 나머지 삶과 완전히 동화되어 만사를 감정적으로 받아들이는 사람은 웃음에 대해 알지도 이해하지도 못합니다. 잠시 주위 사람들의 모든 말과 행동에 관심을 기울여 보십시오. 그리고 그들의 행동을 마음속으로 따라해 보며 그들이 어떻게 느낄지 상상해 보십시오. 간단히 말해 공감능력을 최대한 확장시켜 보자는 겁니다. 마치 요정의 지팡이가 요술이라도 부린 양 보잘것없던 사물이 중요한 존재처럼 보이기도 하고 만물이 비관적으로 보이기도 합니다. 이제 한걸음 비켜서서 무심한 방관자의 입장이 되어 삶을 지켜봅시다. 이번에는 많은 비극이 희극으로 바뀝니다. 무도회장을 예로 들면, 음악소리가 들리지 않게 귀를 막는 것만으로도 춤추고 있는 사람들을 일시에 우스꽝스러운 존재로 만들어 버릴 수 있지요. 과연 인간의 행위 중 이런 시험을 통과할 수 있는 것이 얼마나 될까요? 감상적인 배경음악을 소거해 버리는 것만으로도 엄숙한 분위기가 일시에 쾌활하게 바뀌는 상황을 많이 볼 수 있지 않나요? 이렇듯 코믹의 효과가 완전히 발휘되기 위해서는 감정을 순간적으로 마비시키는 무언가가 필요합니다. 다름 아닌 지성이 바로 그것입니다.

하지만 이 지성은 늘 다른 지성과 연결된 상태여야 합니다. 그리고 바로 여기에 우리가 주목해야 할 세 번째 진실이 자리하고 있지요. 사람은 자신이 고립되었다고 느끼는 상황에서는 희극성을 제대로 인식하지 못한다는 점이 그것입니다. 웃음에는 반향이 필요한 것 같습니다. 웃음소리를 주의 깊게 들어보십시오. 또렷하고 분명한 소리가 아닙니다. 명확하지 않지요. 이 사람에게서 저 사람에게로 반향을 일으키며 얼마든지 계속 이어질 것만 같습니다. 마치 산에서 천둥이 칠 때 갑작스러운 굉음이 먼저 들린 후 우르릉거리는 소리가 한동안 뒤따르는 것처럼 말입니다. 하지만 이러한 울림도 끝없이 지속되지는 않습니다. 얼마든지 멀리 퍼져나갈 수는 있지만 어쨌거나 그 범위는 한정되어 있지요. 이처럼 웃음도 언제나 무리 내에서만 효력을 발휘합니다. 예를 들어 열차 칸이나 식당에 앉아 있는데 다른 여행객들이 서로 이야기를 주고받는 소리를 들었다고 가정해 보지요. 그들이 배꼽을 잡고 웃는 모습을 보니 무척이나 재미있는 이야기인 것 같습니다. 같은 일행이라면 당신도 그들처럼 크게 웃겠지요. 하지만 일행이 아니라면 그럴 마음이 전혀 들지 않습니다. 교회 설교 시간에 모두가 눈물을 뚝뚝 흘리고 있는 가운데 혼자 울지 않는 남자가 있어서 그에게 이유를 물어보니 이렇게 대답했답니다. "전 이 교구 신자가 아니니까요!" 눈물에 대한 이 남자의 대답은 웃음에 적용할 경우 더욱 맞는 말이 됩니다. 다분히 자연스럽게 터져 나오는 것 같지만 웃음은 실제든 가상이든 그 행위를 함께하는 사람들 사이에 일종의 비밀스러운 유대관계, 심지어 은밀한 공모관계가 유지되고 있음을 암시하거든요. 극장 안이 꽉 찰수록 관중들의 웃음소리는 더 크고 오래 지속된다고 합니다. 또, 웃음을 유발하는 요소에는 특정 사회 집단의 관습과 생각이 묻어 있어서 대부분 다른 언어로 번역이 불가능하다고도 하고요. 하지만 사람들은 이런 이중적인 사실이 얼마나 중요한지 제대로 이해하지 못했답니다. 그 결과 희극성은 정신의 즐거움만을 추구하는 단순한 호기심으로, 웃음 그 자체는 여타 인간 활동과 동떨어진 낯선 현상으로 간주되어 왔습니다. 때문에 희극성을 '지적인 대조intellectual contrast'라든지 '명백한 부조리palpable absurdity' 등으로 관념들 간의 추상적 관계로 파악해 정의하게 되었는데, 이런 정의는 모든 종류의 희극성에 실제로 들어맞기는 하지만, 희극성이 어째서 사람들을 웃게 만드는지 조금도 설명해 주지 못합니다. 다시 말해 다른 논리적 관계들은 아무런 영향도 주지 않는 데 반해 특정한 논리적 관계는 어찌하여 감지하는 즉시 우리를 포복절도하게 만드는가에 대한 답을 주지 못한다는 점입니다. 따라서 문제에 제대로 접근하려면 이런 관점에서 벗어나야 합니다. 웃음을 이해하기 위해서는 그 자연스러운 환경, 즉 사회로 되돌아가 웃음이 가지고 있는 유용한 기능, 즉 사회적 기능을 알아내야 합니다. 분명히 밝히건대 바로 이것이 앞으로 우리 연구의 주축이 될 것입니다. 웃음은 보통의 삶에서 요구되는 어떤 특정한 것에 대한 답을 가지고 있는 게 틀림없어요. 바로 **사회적** 중요성을 띠고 있는 것이 겠지요.

앞서 언급한 세 가지 고찰[02]이 만나는 지점을 명확히 해 보지요. 희극성은, 한 무리의 사람들이, 감정을 억누르고 오로지 지성만으로, 그들 중 한 사람에게 주의를 집중하고 있을 때 생겨난다고 볼 수 있습니다. 그렇다면 그 주의가 집중되는 구체적인 대상은 무엇일까요? 그리고 이때 지성은 어떤 역할을 하는 것일까요? 이런 의문에 대한 답을 찾는 과정을 통해 우리는 문제에 보다 가까이 접근할

---

02   희극성은 오직 인간적인 영역에만 존재한다는 점, 통상적으로 웃음에는 감정의 부재가 동반된다는 점, 웃음은 타인의 반향을 필요로 하는 사회성이 있다는 점.

수 있습니다. 하지만 그 전에 꼭 짚고 넘어가야 할 예가
몇 가지 있습니다.

2.반복적으로 등장하는 웃음의 원천, 경직성과 자동기계

한 남자가 길을 따라 달리다가 발이 걸려 휘청하고 넘어집니다. 지나가던 사람들이 웃음을 터트립니다. 만일 그 남자가 갑자기 땅바닥에 주저앉고 싶은 마음이 들어 그런 행동을 한 거라고 생각했다면 그들은 웃지 않겠지요. 그가 땅바닥에 주저앉은 것이 본의 아닌 실수이기 때문에 그들이 웃는 겁니다.

따라서 웃음을 불러일으키는 요소는 갑작스러운 자세의 변화가 아니라 그 변화를 일으킨 비자발적인 요소, 즉 사실상 그 남자의 서투른 몸짓이라고 할 수 있습니다. 아마도 바닥에 돌멩이가 있었을 겁니다. 그는 달리는 속도를 늦추든지 그 장애물을 피하든지 했어야 하지요. 하지만 융통성도 없고 방심한 데다 몸도 말을 듣지 않은 것 같군요. **사실상 몸은 멈췄는데 가속도가 붙어 있으니** 상황이 변했음에도 근육의 움직임이 그대로 유지되고 만 것이지요. 이것이 바로 그 남자가 넘어지고 사람들이 웃음을 터트린 이유입니다.

일상의 사소한 일들을 수학처럼 정확하게 처리하는 사람의 예를 살펴보겠습니다. 짓궂은 누군가가 그 사람 주변 물건들을 전부 뒤죽박죽으로 만들어 놓았습니다. 그 결과 잉크병에 펜을 넣었다가 진흙투성이가 된 펜을 발견하고, 튼튼한 의자에 앉으려다가 바닥에 벌렁 나자빠지는 등, 한마디로 모든 상황이 엉망진창이 됩니다. 이 모든 것의 원인은 하나같이 일종의 관성 때문입니다. 습관적으로 행동했기 때문이지요. 그는 움직임을 멈추거나 다른 행동을 했어야만 합니다. 하지만 그렇게 하지 않고 기계처럼 평소 하던 대로 했습니다. 따라서 이 짓궂은 장난의 희생자는 앞서 길에서 넘어진 남자와 비슷한 입장입니다. 같은 이유로 웃음을 유발하지요. 이 두 경우 모두 웃음을 유발한 요인은 인간의 기민한 융통성과 살아있는 유연성이 발휘되었어야 할 바로 그런 순간에 모종의 **기계적 경직성**Mechanical inelasticity 이 작동했다는 데 있습니다. 두 경우의 유일한 차이점은, 전자가 우연히 일어난 상황임에 반해 후자는 인위적으로 연출된 상황이라는 것뿐입니다. 첫 번째 예시에서 행인들은 그저 바라보기만 했지요. 그에 반해 두 번째 예시에서는 장난꾸러기가 직접 개입해 상황을 조종합니다.

그럼에도 불구하고 위의 두 경우 모두 웃음이라는 결과를 초래한 것은 외적인 상황이었습니다. 따라서 이때의 희극성은 우연적인 것이라고 할 수 있지요. 다시 말해 웃음거리가 된 사람과 피상적인 접촉 상태에 있는 것입니다. 그렇다면 이 희극성은 어떻게 내면으로 뚫고 들어갈 수 있을까요? 그 해답은 바로 예상치 못한 상황이나 짓궂은 장난을 당할지라도 기계적인 경직이 방해가 되지 않을 때입니다. 희극적인 것을 외적으로 드러낼 무궁무진한 기회가 자연스럽게 연출되어야 하지요. 자, 마치 반주보다 반박자 늦게 노래를 부르듯이 늘 지금 현재가 아니라 직전의 과거를 떠올리는 사람이 있다고 가정해 봅니다. 그는 감성적으로나 지성적으로나 유연성이 선천적으로 결여되어 있어서 더 이상 보이지 않는 것을 보고 더 이상 들리지 않는 것을 듣고 더 이상 중요하지 않는 것을 말합니다. 다시 말해 지금 눈앞의 현실에 걸맞게 행동하지 못하고 과거에 사로잡힌 채 그 비현실적인 상황에 빠져 있습니다. 희극성은 바로 이런 때에 그 사람 안에 자리 잡게 됩니다. 희극성의 내용과 형식, 이유와 기회 등 모든 것을 부여하는 것도 그 사람입니다. 그러니 대개 코미디 작가들의 상상력을 자극하는 것이 (방금 우리가 묘사한) 이런 얼빠진 인물이라는 점도 놀라운 일은 니지요. 라브뤼예르[03]는 이런 유형의 인물을 우연히 접한 후 분석 작업을 통해 코믹 효과를 무한정 만들어 낼 수 있는 비법을 찾아냈습니다. 하지만 그는 그 비법을 과용한 나머지 주제를 되살리면서 메날크[04]에 대해 중언부언 길고도 자세하게 늘어놓고 말았지요. 바로 그 주제의 기능에 매료되었던 것입니다. 사실 얼빠짐$_{\text{Absentmindedness}}$이 희극성의 실질적 원천

---

03   La Bruyère 1645-96. 프랑스의 윤리 사상가, 풍자 작가. 17세기말의 온갖 시대상을 <성격론Les Caractères>에 집약해 놓았다.

04   Menalque. <성격론> 중 라브뤼예르의 윤리 사상가로서의 면모가 가장 잘 드러나는 11장 '인간에 관하여'에 나오는 인물.

은 아닙니다. 하지만 바로 그 원천에서 넘쳐 나오는 사실과 환상에 근접한 것임은 분명합니다. 말하자면 얼빠짐은 웃음이 가장 자연스럽게 유발되는 분수령 중 하나인 셈이지요.

이제 얼빠짐의 효과가 힘을 얻을 차례입니다. 방금 접한 사례를 첫 번째 예로 삼아 일반적인 법칙을 하나 꼽는다면 다음과 같이 표현할 수 있을 것 같습니다: ― 코믹 효과가 어떤 특정한 요인에 기인할 경우, 그 요인이 자연스러우면 자연스러울수록 그 효과 역시 더욱 희극적이 된다. 우리는 심지어 지금도 얼빠짐이 간단한 사실로서 제시될 때 웃음을 터뜨립니다. 바로 눈앞에서 갑자기 생겨나 그 정도가 점점 심해지는 것을 보면 더 웃음이 나지요. 처음에 어떻게 시작되었는지 알고 있고 앞으로 어떻게 전개되어 갈지도 재구성할 수 있으니 말입니다. 그 확실한 예를 보겠습니다. 연애나 기사도 정신을 주로 다루는 낭만소설만 읽는 사람이 있다고 가정해 봅시다. 책 속의 영웅에 매료된 그는 점차 생각이나 의도가 그쪽으로 편중되어 결국 몽유병자처럼 주위를 헤매고 다니는 모습을 보입니다. 행동 역시 주의 산만하고요. 하지만 그의 주의

산만한 행동에는 분명하고 긍정적인 이유가 있습니다. 말 그대로 정신의 **부재** 때문이 아니라, 비록 가상이기는 하지만 지극히 제한적인 환경에 처한 개인의 **존재** 때문에 그런 행동이 나옵니다. 분명히 말할 수 있는 것은, 우물에 빠지는 결과는 같지만 앞을 주의 깊게 살피지 않고 가다가 빠지는 것과 하늘의 별을 바라보며 걷다가 빠지는 것은 다른 문제라는 점입니다. 돈키호테도 밤하늘의 별을 바라보고 있었지요. 과하게 낭만적이고 이상적인 것을 추구하는 인물이 내포하고 있는 코믹 요소란 얼마나 대단한지요! 하지만 소위 매개체 역할을 하는 얼빠짐의 개념을 다시 살펴보면, 이 대단한 코믹 요소가 실은 매우 피상적인 유형과 결합되어 있음을 알 수 있습니다. 그렇습니다. 이 엉뚱하고 제멋대로인 광신도들, 괴이하지만 나름대로는 타당한 이유가 있는 이 미치광이들은 우리 안에 내재하고 있는 그들과 동일한 어떤 심적 요소를 건드려 웃음을 터뜨리게 만듭니다. 짓궂은 장난에 걸려든 이들이나 거리를 걷다 뜬금없이 넘어져 나뒹구는 이들을 보고 우리가 웃는 이유는 그들과 우리 안에 동일하게 자리하고 있는 내적 메커니즘 때문입니다. 그들은 달리다가 넘어지는 육상선수이기도 하고 남에게 쉽게 속아 넘어가는 어수룩한 사람들이기도 하지만, 이상을 좇아 달리다 현실의 벽에 걸려 넘어지는 이들이기도 하고, 삶에 언제나 기쁨이 도사리고 있다고 믿는 순진한 몽상가들이기도 합니다. 하지만 무엇보다 그들은 다른 이들보다 우월한 얼빠짐의 대가들입니다. 어떤 면에서 우월한가 하면, 그들의 얼빠짐은 하나의 관념을 중심으로 체계화되고 조직되어 있으며, 그들의 불행 또한 일관성이 있습니다. 현실이 꿈을 바로잡아버리는 불변의 논리 덕분에 그들은 자신이 처한 상황에서 일련의 누적 효과로 인해 무제한 팽창 가능한 재미를 불러일으킵니다.

이제 조금 더 멀리 나아가 보지요. 인물이 성격적 결함을 갖고 있는 건 지성인들이 경직된 고정관념을 품고 있는 것과 동일한 상관관계가 있지 않을까요? 도덕적 결점이든 비뚤어진 의욕이든, 어쨌든 결점은 대개 뒤틀린 정신의 표출이라고 할 수 있습니다. 분명, 정신이 그 충만한 힘을 총동원해 깊숙이 개입하면서 환생하듯 끊임없이 되살아나는 결점이 있습니다. 이런 결점은 비극적인 결점입니다. 반면 우리를 웃게 만들 수 있는 결점은 외적인 것으로서, 이미 만들어져 있는 틀처럼 우리는 그 안으로 쉽게 발을 들여놓을 수가 있습니다. 우리의 유연성을 빌려 가는 대신 자신의 경직성을 빌려주지요. 우리는 그것을 더 복잡하게 변형시키지 않습니다. 오히려 우리가 단순해지지요. 나중에 이 연구의 마무리 부분에서 살펴보게 되겠지만, 희극과 비극의 본질적 차이가 바로 여기에 있습니다. 비극은 이름이 있는 열정이나 결점을 묘사할 때조차 너무나 완벽하게 인물 안에 녹여내어 그 이름이나 특징은 물론 그 존재조차 잊어버리게 만듭니다. 따라서 비극의 제목은 고유명사 외에 다른 것을 붙이기 힘들지요. 반면, 희극의 제목은 〈수전노^{05}$_{l'avare}$〉, 〈노름꾼^{06}$_{le Joueur}$〉 등 보통 명사일 때가 많습니다. 예를 들어 '질투쟁이'라고 제목을 붙일 만한 극을 하나 떠올려 보라고 한다면, 오셀로^{07}$_{Othello}$보다는 스가

---

05   몰리에르(Molière 1622-1673)가 쓴 5막의 희극. 1668년 파리에서 초연되었다. 39쪽 주석 12를 참고.

06   장 프랑수와 르냐르(Jean-François Regnard 1655~1709)가 쓴 희극(1696). 91쪽 주석 41을 참고.

07   윌리엄 셰익스피어의 비극 <오셀로>의 주인공. 의혹과 질투에 사로잡힌 오셀로는 아내를 침실에서 교살한 후 이아고의 간계에 빠져 벌어진 일임을 안 뒤 스스로 목숨을 끊는다.

나렐[08] _{Sganarell}이나 조르주 당댕[09] _{George Dandin}이 생각날 것입니다. '질투쟁이'가 희극의 제목일 수밖에 없는 이유입니다. 희극의 경우, 결점은 인물과 아무리 밀접하게 결합되어 있다 하더라도 단순하고 독립적인 것으로 사라지지 않고 계속 유지됩니다. 눈에 보이지는 않지만 존재감 있는 중심 역할을 하며, 육신을 가진 무대 위의 인물이 오히려 그 결점에 종속되어 버리지요. 때로 결점은 기꺼이 인물을 끌어내려 함께 굴러 떨어지기도 합니다만, 인물을 하나의 도구처럼 이용하거나 꼭두각시 인형처럼 다루기를 즐길 때가 더 많습니다. 더 자세히 들여다보면 작가의 기교가 눈에 들어오지요. 관객인 우리로 하여금 특정 결점에 익숙해져서 어느 정도 친밀감을 느끼게 만든 다음 결국 작가 자신이 조종하고 있던 꼭두각시 인형의 줄 일부를 우리에게 넘겨주고 우리 스스로 그것을 조종하도록 만듭니다. 우리가 희극을 볼 때 재미를 느끼는 이유도 어느 정도는 이 때문이라고 할 수 있습니다. 여기서도 우리를 웃게

---

08   몰리에르(Molière 1622-1673)의 희극 <스가나렐 혹은 상상으로 오쟁이 진 남편 Sganarelle ou le Cocu imaginaire>(1660)에 등장하는 주인공으로, 아내가 자신을 배반하고 남과 정을 통했다는 망상에 사로잡힌 인물.
09   몰리에르의 발레희극 <조르주 당댕>(1668)의 주인공. 부인의 좋지 않은 행실로 괴로워하는 인물.

만드는 것은 사실 일종의 자동기계$_{Automatism}$ [10]입니다. 이미 앞서 언급했듯이, 자동기계는 완전한 얼빠짐$_{absentmindedness}$ 과 매우 흡사합니다. 일반적으로 웃음을 유발하는 인물이 자기 자신에 대해 인식하지 못할수록 웃음을 더 많이 유발한다는 점만 알면, 이를 보다 분명히 파악할 수 있습니다. 희극적 인물은 자신이 우습다는 사실을 깨닫지 못합니다. 마치 기게스의 반지[11]를 거꾸로 낀 것처럼 자신의 모습을 자신만 보지 못하고 온 세상에 드러내게 되는 것입니다. 비극 속 인물은 관객이 자신을 어떻게 판단할지 안다는 이유로 행동을 바꾸지 않습니다. 자신이 어떤 존재인지 온전히 깨달은 상태에서 또 자신이 불러일으키는 공포를 뚜렷이 느끼면서도 자신의 역할을 그대로 유지합니다. 하지만 우스꽝스러운 결점이 있다고 느끼면 그 결점을 고치거나 또는 최소한 고쳐진 것처럼 보이기 위해

10 　'오토마티즘'이라고도 하며, 의식하고 있지 않은 정신현상 또는 행동을 말한다. '기계적 경직성'과 '얼빠짐'과 함께 웃음을 일으키는 원천으로서 이 책의 핵심 개념이다.

11 　기게스의 반지(Ring of Gyges)는 고대 그리스의 철학자 플라톤의 저서 <국가> 2권(2.359a–2.360d)에 나오는 가공의 마법 반지이다. 이 반지는 소유자의 마음대로 자신의 모습을 보이지 않게 할 수 있는 신비한 힘이 있다.

고군분투하지요. 만일 아르파공[12]이 자신의 인색함이 웃음거리가 되고 있다는 사실을 안다 하더라도 아마 그는 그 인색함을 고치려고 들지 않을 것입니다. 다만 덜 드러내거나 다른 방식으로 내보이려 하겠지요. 확실히, 웃음이 "사람의 태도를 바로잡는다"라는 건 이런 점에서만입니다. 웃음은 우리가 되어야 하는 존재, 언젠가 가 닿아야 할 그런 존재로 보이기 위해 당장에라도 노력하게끔 만듭니다.

이를 더 깊이 분석할 필요는 없을 것 같아요. 달리다 뭔가에 걸려 넘어지는 달리기 주자에서부터 짓궂은 장난에 속아 넘어가는 얼간이까지, 속임수에 넘어간 상태에서 일종의 얼빠짐으로, 얼빠짐에서 광적인 열의로, 광적인 열의에서 성격과 의지의 다양한 왜곡으로, 지금까지 우리는 희극성이 사람 내면에 점점 더 깊이 자리잡는 과정을 훑

---

12   몰리에르가 쓴 <수전노>의 등장인물. 파리에서 이름난 부자이며 고리대금업자이자 세상에 둘도 없는 구두쇠이다. 아르파공은 딸 엘리즈를 돈 많은 영감 앙셀므에게, 아들 클레앙트는 돈 많은 과부와 결혼시키려 한다. 하지만 딸은 발레르와 연인이며, 아들은 마리안느를 사랑한다. 아르파공은 마리안느가 밥을 적게 먹는다는 이유로 결혼하려 하며 아들과 경쟁한다. 남매의 연인 발레르는 영감 앙셀므의 잃어버린 자식임이 밝혀진다.

어보았습니다. 희극성은 거기에서 멈추지 않고 우리가 대략적인 형태로 주목했던 흔적을 절묘하게 상기시켜 줍니다. 그것은 바로 자동기계와 경직성의 효과입니다. 이제 우리는 인간 본성에 내재된 웃음의 측면과 웃음의 일상적 기능에 대해 (사실 여전히 모호하고 분명치 않은 상태이지만) 처음으로 살짝 엿볼 수 있게 되었습니다.

삶과 사회는 우리 개개인에게 끊임없이 기민하게 정신을 집중해서 현재 상황의 윤곽을 포착할 것과, 그리고 그로 인한 결과에 순응할 수 있는 몸과 마음의 유연성을 기르도록 요구합니다. **긴장**Tension과 **유연성**Elasticity이라는 두 힘은 서로 상호 보완적인 기능을 하며 우리의 삶에 꼭 필요합니다. 이 두 가지 힘이 우리 몸에 현저히 결핍된다면 우리는 온갖 질병과 질환과 재해를 겪게 됩니다. 이것들이 생각에 결핍되어 있을 경우라면 온갖 지능장애와 정신이상이 나타나게 되겠지요. 결국 이 두 가지 힘이 성격에 결핍된 경우 사회생활에 심각하게 적응하지 못하게 되고, 이는 불행의 원천이자 때로는 범죄의 원인이 될 수도 있습니다. 일단 생활에 큰 영향을 미치는 이런 결핍이 없을 때, 또는 생존경쟁이라고 불리는 것 안에서 저절로 사라

졌을 때, 사람은 다른 사람들과 마찬가지로 살아갈 수 있습니다. 하지만 사회는 뭔가 더 많은 것을 요구합니다. 그저 살아가는 것으로는 충분치 않고 잘살 것을 강요하지요. 사회가 염려하는 것은 우리 각자가 삶의 본질적 요소에 영향을 미치는 것에 주의를 기울이는 데 만족한 나머지 그 외의 것에 대해서는 자동기계에 빠져 이미 익숙해진 습관 대로 편안하게 따르는 것입니다. 사회가 걱정하는 또 한 가지는 사회의 구성원들이 서로에게 보다 완벽하게 어울리기 위해 더욱 섬세하게 감정이나 의견을 조정하려고 노력하기보다는 그저 기본적인 조정 상태를 준수하는 것에 그치고 마는 경우입니다. 사회는 구성원들 간에 이루어진 평범한 합의에 만족하지 않습니다. 꾸준히 상호간에 적응하기 위해 부단히 더 노력할 것을 요구하지요. 따라서 사회는 성격, 생각, 그리고 심지어 몸에 이르기까지 모든 **경직성**을 의심할 거예요. 왜냐하면 경직성이 사회가 중심으로 삼고 있는 공동의 원에서 벗어나려는 이탈적 행동이면서도 무기력한 행동을 나타내는 신호일 수 있기 때문이지요. 간단히 말하자면 유별남을 나타내는 신호이기 때문입니다. 그럼에도 불구하고 사회는 이 단계에서 물리적으로 개입할 수 없습니다. 왜냐하면 그것이 물리적인 방식에 영향을 받지 않기 때문이지요. 이 경직성에 맞설 수 있는 것은 무언가 이것을 불편하게 만드는 방법뿐입니다. 그나마도 하나의 증상, 즉 위협이라기보다는 하나의 몸짓으로서만 가능하지요. 그러니 몸짓이 그 답이 될 것입니다. 웃음이야말로 바로 이런[13] 종류에 속하는 일종의 **사회적 몸짓**임에 틀림없습니다. 웃음은 사회가 염려하도록 만드는 별난 행동을 억제합니다. 또한 자취를 감추고 조용히 잠들어 버릴 수도 있는 부차적인 행동들을 상호접촉을 통해 늘 깨어있게 하며, 사회라는 조직의 표층에 기계적 경직성으로 남아있는 것들을 유연하게 만들어 줍니다. 따라서 웃음은 미학의 영역에만 속한 것이 아닙니다. 무의식적으로 (그리고 수많은 사례를 보면 부도덕한 방식으로) 보편적 향상이라는 공리주의적 목표를 추구하고 있으니까요.

그렇다 하더라도 웃음에는 뭔가 미학적인 면이 있다고 볼 수 있습니다. 왜냐하면 사회나 개인이 자기보호의 걱정에서 완전히 벗어나 자기 자신을 예술 작품으로 간주

---

13 어떤 이가 유연성을 잃고 경직성에 빠져있을 때 사회가 걱정하고 염려한다는 메시지를 보내 그이가 자신을 교정하도록 돕는 행위

하기 시작할 때 비로소 생성되는 것이 바로 희극성이기 때문입니다. 간단히 말해, 만약 개인이나 사회적 삶에서 불이익을 불러일으키는 행동이나 기질을 하나의 원 안에 가둔다고 가정하는 경우, 이러한 감정과 분투의 영역 바깥에, 그리고 인간이 그 자신을 다른 인간의 호기심에 내어놓는 중립 영역 안에, 몸과 정신과 성격의 어떤 경직성이 남게 됩니다. 사회는 이 경직성을 제거해 구성원들로부터 최대한의 유연성과 사교성을 얻어내고자 하지요. 이 경직성이 바로 코믹이고, 웃음은 그것을 바로잡는 중화제 역할을 하는 것입니다.

그렇지만 이 공식이 곧바로 희극성의 정의라고 생각해서는 안 됩니다. 이는 전혀 불순물이 섞이지 않은 상태의 희극성, 즉 아주 기본적이고 이론적이며 완벽한 경우일 때만 맞는 말이니까요. 우리는 이것을 희극성에 대한 설명이라고 말하지도 않을 것입니다. 그보다는, 말하자면 희극성에 대한 모든 설명에 반복적으로 등장하는 라이트모

티브[14] 로 여기고 싶습니다. 늘 유념해 둘 필요는 있겠지만 너무 깊이 빠져들지 마세요. 노련한 펜싱 선수가 계속되는 펜싱 경기의 연속성에 몸을 내주면서도 머릿속으로는 불연속적인 연습동작을 떠올리는 것과 비슷하다고 볼 수 있습니다. 이제 희극적 형태의 단계를 재건해 볼까 합니다. 어릿광대의 야단법석에서부터 지극히 세련된 희극으로까지 이어지는 실을 잡고서 예측하기 어려운 굽잇길을 따라 갈 생각입니다. 그러다 가끔 멈춰 서서 주위를 둘러보기도 하겠습니다. 어쩌면 결국에는 그 실이 매달려 있는 곳으로 되돌아갈 수도 있겠지요. 또 어쩌면 그곳에서 예술과 삶의 일반적인 관계를 발견하게 될지도 모르고요. 코믹이란 삶과 예술 사이를 오가는 것이니 말입니다.

---

14   Leitmotive. 이끌다라는 뜻의 독일어 'leiten'과 동기라는 뜻의 'Motiv'가 결합된 단어로 낭만파 작곡가 바그너에 의해 확립된 작곡기법을 일컫는다. '동기'를 뜻한다. 인물이나 특정 장면이 반복해서 나타날 때 그 인물 혹은 장면을 상징하는 선율이나 화성을 재현함으로써 청중이 다음에 이어질 내용을 알아차릴 수 있도록 환기하는 기법으로 음악적 기능과 극적 기능을 동시에 지닌다.

3. 형태의 희극성

가장 쉬운 것부터 시작해 봅시다. 희극적인 얼굴이란 어떤 얼굴을 말하는 것일까요? 희극적인 표정은 어디에서 나오는 것일까요? 그리고 희극적인 것과 추한 것의 차이점은 무엇일까요? 지금까지 이런 질문은 자의적인 답 외에는 얻을 수 없었습니다. 아주 간단해 보이는 문제이지만 너무나 미묘해서 아직까지도 정면공격이 쉽지 않습니다. 일단 추하다는 것의 의미부터 규명해야 하고, 거기에 무엇이 더해져야 희극적이 되는지를 알아내야 하니까요. 이처럼 추함을 분석하는 일은 아름다움을 분석하는 일보다 결코 쉽다고 할 수 없습니다. 하지만 우리는 종종 유용하게 쓰이게 될 기술을 하나 사용할 것입니다. 말하자면 원인이 선명하게 드러날 때까지 결과를 과장함으로써 문제를 확대해석해 보는 것입니다. 이를테면 추함을 기형 상태로까지 밀어붙인 후 그 기형적인 것이 어떻게 희극적으로 바뀌게 되는지 살펴보는 방법입니다.

유감스럽게도 어떤 기형은 확실히 다른 이들을 웃게 만드는 특권을 갖고 있습니다. 예를 들면 곱사등이는 그 자체로 웃음을 불러일으킵니다. 이 시점에서 불필요한 세부 사항을 떠올릴 필요는 없을 것 같습니다. 다만 기형의 다양한 형태를 생각해 보고, 그렇게 생각해 낸 기형을 두 종류, 즉 본질적으로 우스운 것과 결코 우습지 않은 것으로 분류해 봅시다. 그러면 틀림없이 다음과 같은 법칙이 도출될 것입니다. ― 정상적인 신체를 가진 사람이 똑같이 모방할 수 있는 기형은 모두 희극적일 수 있다.

그렇다면 곱사등이를 보고 자기 몸을 똑바로 세우지 못하는 사람을 연상하는 것이 이런 경우에 해당하지 않을까요? 곱사등이의 등은 흉하게 굽어 있습니다. 그렇게 굽게 만든 습관을 고집스럽게, 다시 말해 융통성 없이 고수한 결과인 것이지요. 심사숙고하지 말고, 판단이나 추론도 하지 말고, 그냥 눈에 보이는 대로만 보도록 합시다. 선입관은 모두 버리고, 직접적이고 원초적인 첫인상만으로 판단하자는 것입니다. 이때 눈에 보이는 것이 바로 위의 법칙이 적용되는 경우입니다. 여러분 앞에 있는 사람은 곱사등이가 아니라 뻣뻣한 특정 자세를 융통성 없이 고집하는 인물인 것이지요. 그의 몸은, 혹시 이런 표현이 가능하다면, 하나의 방대한 웃음인 셈입니다.

이제 우리가 해결하고자 했던 바로 그 문제로 되돌아가 봅시다. 웃음을 유발하는 기형은 그 정도가 다소 완화되면 희극적인 추함이 됩니다. 따라서 웃음을 유발하는 얼굴 표정은 경직된 상태, 말하자면 평소의 얼굴 움직임이 그대로 굳어버린 상태를 떠올리게 합니다. 우리가 보는 것은 상습적으로 찡그리는, 또는 찡그린 채 굳어버린 얼굴입니다. 하지만 모든 습관적인 얼굴 표정이, 심지어 우아하고 아름다울 때도 이처럼 틀에 박힌 인상을 준다고는 할 수 없지 않을까요? 여기에서 꼭 구분해서 생각해야 할 점이 있습니다. 표정의 아름다움이나 추함에 대해 말할 때, 그리고 얼굴에 표정이 있다고 말할 때, 우리는 그 표정이 정지되어 있는 상태를 보고 얘기하지만 그대로 계속 정지되어 있으리라고는 생각하지 않습니다. 그 정지 상태 한 가운데에서, 표정은 표현가능한 모든 마음 상태를 분명하게 드러내지 않고 주저합니다. 마치 화창하고 따뜻한 하루를 예고하는 봄날 아침의 실안개처럼 말이지요. 하지만 우스꽝스러운 얼굴 표정은 눈에 보이는 그대로입니다. 이 찡그린 표정은 유일하고도 항구적이라서 그 사람의 정신적 삶 전체가 이 특정한 모습으로 구체화되었다고 말할 수도 있을 정도입니다. 이것이 바로 인물의 성격이 오랫동안 녹아든 어떤 단순한 기계적 행동으로 인한 것이라는 생각이 들면 들수록 그 얼굴이 더욱 더 희극적으로 보이는 이유입니다. 어떤 얼굴은 늘 울고 있을 것처럼 보이고, 어떤 얼굴은 웃으며 휘파람을 불고 있을 것처럼 보이며, 또 어떤 얼굴은 상상의 트럼펫을 영원히 불고 있을 것처럼 보입니다. 이런 얼굴들이야말로 무엇보다 희극적인 얼굴들이지요. 여기에서, 원인이 자연스러울수록 희극적 효과는 더 커진다는 법칙의 예를 다시 한번 볼 수 있습니다. 자동기계와 경직성으로 고착된 습관들 때문에 우리는 얼굴을 보고 웃음을 터트리는 것이지요.

하지만 이 효과는 마치 우리의 정신이 어떤 단순한 행동의 구체성에 매료되기라도 한듯 이 특징들을 보다 심층적인 원인, 즉 어떤 본질적인 얼빠짐 상태와 결부시킬 때 더욱 강렬해집니다.

이제 캐리커처에 담긴 희극적 요소를 이해할 수 있습니다. 아무리 균형 잡힌 얼굴이라도, 또 그 얼굴의 선이 아무리 조화롭고 그 움직임이 아무리 유연하다 하더라도, 전체가 완벽한 균형을 이룰 수는 없습니다. 금방이라도 찡그리며 주름을 만들 것 같은 느낌, 요컨대 습관적으로 짓는 일그러진 표정이 곧 나타나리라는 예감이 어렴풋이 들기 마련이지요. 캐리커처 작가의 기술은 때때로 잘 감지되지 않는 이런 특징들을 포착해 누구나 알아볼 수 있도록 더 크게 과장하는 것에 있습니다. 그는 자신이 표현하려는 대상이 감정의 한계치에 다다랐을 때 지을 법한 표정을 그려냅니다. 피상적으로 조화를 이루고 있는 형태 속에 깊숙이 자리잡고 있는 물질의 저항을 예측해 내는 것이지요. 모델의 내면에 틀림없이 존재하고 있지만 더 큰 힘에 의해 억제되어 겉으로 드러나지 못한 부조화와 변형을 구현해 내는 것입니다. 그의 기술에는 사악한 데가 있어서 천사가 때려눕힌 악마를 다시 일으켜 세웁니다. 하지만 실체를 과장하는 기술임에 틀림없다 하더라도 그 기술의 목적과 관심대상이 오로지 과장뿐이라고 한다면 이 정의는 완전하다고 할 수 없겠지요. 초상화보다 더 실물처럼 그려놓은 캐리커처도 있고 과장이 거의 눈에 띄지 않는 캐리커처도 있지만, 이와는 반대로 과장이 너무 심해서 실질적으로 캐리커처라 할 수 없는 경우도 있기 때문입니다. 희극적인 결과를 낳으려면 과장은 목적이라기보다는 수단이어야 합니다. 캐리커처 작가는 이 수단을 활용하여 아주 작은 씨앗에 불과한 왜곡을 우리 눈앞에 드러내 주는 것이지요. 흥미롭고 중요한 점은 바로 이 왜곡의 과정입니다. 그리고 이것이 바로 우리가 움직임이 불가한 얼굴의 요소들, 즉 코의 곡선이나 귀의 형태에서 이 왜곡의 흔적을 찾게 되는 이유입니다. 왜냐하면 우리의 눈에 보이는 형태는 언제나 움직임에서 도출되는 것이기 때문입니다. 코의 크기를 바꾸되 그 기본 바탕을 존중하여 길이만 자연스러운 방향으로 늘려놓은 캐리커처를 예로 들면, 사실상 작가는 활짝 웃을 때의 얼굴 변화를 고려해 그런 형태로 코를 왜곡한 것이라고 볼 수 있습니다. 이를 통해 우리는 본래보다 늘어나 있는 코를 보면서 웃음이 터져 나오기 직전까지 이르게 됩니다. 이런 의미에서 자연은 스스로 훌륭한 캐리커처 작품을 만들어 내곤 합니다. 입을 옆으로 찢으며 턱을 당기고 뺨을 불거지게 만드는 움직임을 보면, 자연은 이성적인 힘의 통제와 감시를 뛰어넘어 의도한 표정을 성공적으로 완수한 것처럼 보입니다. 이때 우리는 스스로 캐리커처가 된 그 얼굴을 보고 웃음을 터트리게 됩니다.

요약하자면, 이성이 인정하는 원칙이 무엇이든, 상상력은 나름대로 매우 분명한 철학을 갖고 있습니다. 그리고 상상력은 모든 인간의 형상에서 질료로 형태를 만들기 위해 정신이 기울이는 노력[15]을 감지합니다. 이 정신은 한없이 유연하며 끊임없이 움직입니다. 게다가 대지에 이끌리지 않으므로 중력의 법칙에도 구애받지 않습니다. 또한 생기를 불어넣고자 하는 육체에 날개를 단 듯한 가벼움을 전해줍니다. 이런 식으로 질료로 전달된 비물질성을 우리는 우아함이라고 부릅니다. 하지만 질료는 고집스럽게 저항합니다. 그리고 이 한층 높은 차원의 원칙이 행하

---

15   아리스토텔레스의 '질료형상론Matter and Form'을 차용하고 있다. 질료Matter는 형식Form을 만들어내는 재료이다. 72쪽 주석 25를 보라.

는 기민한 움직임을 끌어와 자신의 관성에 맞게 전환한 후 단순한 기계적 행동으로 바꾸어 놓으려 합니다. 지혜로울 정도로 다채로운 몸의 움직임을 아둔할 정도로 위축된 틀에 끼워 맞추고, 순간순간 변하는 얼굴 표정을 영구히 찡그린 표정으로 정형화시키려고 합니다. 간단히 말하자면 살아있는 이상과 끊임없이 접촉함으로써 부단히 그 생명력을 갱신하는 대신, 어떤 기계적 활동의 물질성에 매몰된 것 같은 태도를 해당 인물 전체에 각인시키는 것입니다. 이로써 정신의 외적인 생명력을 둔화시키고 그 움직임을 마비시켜 우아함을 훼방 놓는 데 성공하면, 몸이 희생되는 대신 희극적 효과를 얻습니다. 그러므로 희극성을 그 반대되는 것과 대조해 정의하고자 할 때는 아름다움보다는 우아함이 그 대조의 대상이 되어야 합니다. 그것은 보기 흉하다기보다는 활기차지 않은 것이고, **추하다**기보다는 **경직되어 있다**고 할 수 있기 때문입니다.

4. 움직임의 희극성,
생명을 기계적인 방향으로 전환하는 것

이제 **형태**_{Forms}에 담긴 희극적 요소는 마무리하고 **몸짓**_{Gestures}과 **움직임**_{Movements}에 담긴 희극적 요소로 넘어가 보지요. 그와 동시에 이런 종류의 현상을 지배하는 것처럼 보이는 법칙에 대해서도 알아봅시다. 앞서 살펴본 내용들을 통해 어렵지 않게 추론이 가능합니다. — **인체의 태도와 몸짓과 움직임이 웃음을 불러일으키는 정도는 그 인체가 하나의 기계장치에 불과함을 상기시키는 정도에 정비례한다.** 이 법칙을 적용할 수 있는 예시는 수없이 많으므로, 일일이 살펴볼 필요는 없을 것 같습니다. 이를 직접 확인하는 일은 만화가들의 작품을 면밀히 연구하는 것만으로도 충분합니다. 이 경우에는 캐리커처의 요소들을 전적으로 배제해야겠지요. 그림 그 자체에 속하지 않는 희극적인 부분도 제외시켜야 하겠고요. 그림에 담긴 희극적 요소는 분명 어디선가 차용해 온 것이고 그림 옆에 붙은 글귀 또한 그 만화를 희극적으로 만드는 데 지대한 역할을 하는 것이므로, 거기에 눈길을 빼앗겨서는 안 되기 때문입니다. 만화가는 스스로 풍자작가 또는 심지어 극작가의 역할도 겸할 수 있기 때문에, 우리가 만화를 보고 웃을 때는 그림 그 자체보다 그 그림이 표현하고 있는 풍자나 우스꽝스러운 사건 때문일 경우가 많습니다. 하지만 다른 것은 생각하지 않고 오로지 그림에 집중하겠다는 굳은 결심으로 주의를 기울인다면, 은근하게든 분명하게든 사람이 하나의 꼭두각시 인형처럼 느껴지는 정도가 크면 클수록 대체로 우습게 느껴진다는 사실을 발견하게 될 것입니다. 인물의 내면을 우리가 확실히 인식할 수 있어야 하므로 이 연상 작용은 명확해야 합니다. 투명한 유리처럼 체계화된 메커니즘이 필요하지요. 하지만 그 과정은 은근히 이루어져야 합니다. 그 인물의 팔다리는 기계장치처럼 경직되어 있지만, 겉으로는 살아있는 존재라는 인상을 계속해서 주어야 하기 때문입니다. 이 두 이미지, 즉 사람으로서의 이미지와 기계장치로서의 이미지가 서로 완벽하게 들어맞을수록 작가의 기교는 더욱 완벽해지며, 희극적 효과도 더욱 두드러지게 나타납니다. 따라서 만화가의 독창성이란 꼭두각시에 얼마나 특별한 생명력을 부여하느냐에 달려있습니다.

하지만 이 원칙을 곧바로 적용하는 일은 잠시 보류하지요. 이 시점에서는 보다 간접적인 결과만을 살펴보기로 하겠습니다. 사람의 내면에 마치 기계장치가 작동하고 있는 것처럼 보이는 환상은 수많은 놀라운 효과들이 뒷받침해 줄 때에만 잠깐 나타납니다. 대부분 언뜻 나타났다가 그것이 불러일으킨 웃음 속으로 순식간에 사라져 버리지요. 그것을 붙잡아 두려면 분석과 고찰이 반드시 필요합니다.

대중 앞에서 연설하고 있는 사람을 예로 들어 보겠습니다. 이를 보면 몸짓이 말과 경쟁하는 것처럼 보인다는 사실을 우리는 알 수 있습니다. 몸짓은 말을 질투하듯 화자의 생각을 바싹 따라다니며 해설자 역할도 겸하고 싶어

하지요. 뭐, 거기까지는 괜찮습니다. 하지만 연설이 전개되는 전 단계에 걸쳐 화자의 생각을 계속 따라가야 하는 것이 문제입니다. 화자의 생각은 연설의 시작에서부터 끝에 이르기까지 계속해서 자라나고 싹 틔우며 꽃도 피우고 무르익어 가기만 할 뿐, 도중에 멈추거나 되풀이하지 않습니다. 그리고 매순간 변화합니다. 변화를 그만둔다는 것은 살기를 그만둔다는 것이나 마찬가지니까요. 따라서 몸짓도 그와 비슷한 생기를 드러내야 합니다. 절대 반복되지 않는다는 생명의 근본 법칙을 받아들여야 하고요. 하지만 머리나 팔의 특정 움직임이 주기적으로 동일하게 반복되는 것이 눈에 들어왔다고 가정해 봅시다. 만일 어떤 행동을 보고 혹시 다시 한 번 반복되지 않을까 기대했는데 마침 그 행동이 나타난다면, 자신도 모르게 웃음이 터져 나올 것입니다. 왜 일까요? 바로 자동으로 작동하는 기계장치를 앞에 두고 있는 것과 같은 상황이기 때문입니다. 더 이상 그것은 생명체가 아니라 생명체 안에 자리 잡고 앉아 생명체인 척 흉내 내고 있는 자동기계Automatism 인 것이지요. 이것도 희극성이라고 할 수 있습니다.

이는 또한 웃음을 유발하리라고는 꿈에도 생각지 않았던

몸짓을 누군가 다른 사람이 따라하면 웃음이 터져 나오는 이유이기도 합니다. 지극히 단순한 이 사실을 사람들은 그동안 정교하게 설명하느라 무척이나 애써 왔습니다. 하지만 조금만 심사숙고해 보면 우리의 정신 상태란 늘 변화하는 것임을 알 수 있습니다. 그리고 내면의 움직임을 충실하게 따르면서 충분히 활기 넘치는 몸짓은 결코 스스로 되풀이하지 않는다는 것도, 따라서 타의 모방도 불가능하다는 것도 알 수 있지요. 누군가 우리를 흉내 낼 수 있다고 한다면, 그것은 우리가 스스로 자기 자신이기를 포기할 때에만 가능한 일입니다. 다시 말해 너무나 기계적이고 획일적이어서 살아있는 인간의 것이라고는 할 수 없는 몸짓만이 모방의 대상이 될 수 있습니다. 누군가를 흉내 낸다는 것은 그 사람의 성격에 슬며시 자리 잡은 자동기계의 일부분을 드러내는 것입니다. 이것이 바로 우스꽝스러움의 정수입니다. 모방이 웃음을 유발하는 것은 너무나 당연한 일이겠지요.

몸짓을 모방하는 것이 본질적으로 웃음을 유발한다고 합시다. 그런데 만일 몸짓의 형태는 그대로 둔 채 톱으로 나무를 켠다거나 모루를 친다거나 종 치는 밧줄을 잡아당

긴다거나 하는 기계적인 움직임만을 흉내 내는 경우에는 더 큰 웃음을 유발하게 됩니다. 이런 행동에서 묻어나는 상스러움이 희극성의 본질이어서가 아니라 (사실 어느 정도는 희극성에 일조하는 면이 있기는 하지만) 단순한 행동이 관여할 때 훨씬 기계적으로 보이기 때문입니다. 마치 의도라도 한 것처럼 말이지요. 이런 기계적인 해석을 제시하는 것이 바로 패러디가 가장 선호하는 장치 중 하나입니다. 우리는 추론을 통해 이 결론에 이르렀지만, 아마 어릿광대들은 이미 오래 전부터 이 사실을 직관적으로 알고 있지 않았을까요?

바로 이것이 파스칼[16]이 자신의 저서 〈팡세〉에서 한 문장으로 제기한 작은 의문의 해답입니다. 즉 "똑같이 닮은 두 개의 얼굴 각각은 웃음을 불러일으키지 않음에도 서로 닮았다는 이유만으로 함께 있을 때 우리를 웃게 만든다." 이 말은 이렇게도 쓸 수 있습니다. "대중 연설가의 몸짓은 그 자체로는 하나도 우스꽝스럽지 않지만 반복되면 웃음을 불러일으킨다." 이 두 문장이 얘기하는 진실은, 살아있

---

16   Blaise Pascal 1623~1662. 프랑스 수학자이자 철학자. 그가 쓴 글 묶음이 사후 <팡세Pensées>라는 제목으로 출간되었다.

는 생명체는 스스로 반복하지 않는다는 점입니다. 반복이나 완벽한 유사성이 눈에 띌 때마다 우리는 그 생명체 뒤에 어떤 기계적 메커니즘이 작용하고 있다고 의심하게 됩니다. 똑같이 닮은 두 얼굴에서 받은 인상을 분석하다 보면, 동일한 틀로 찍어낸 두 개의 복제물이나 동일한 도장으로 찍은 두 개의 도장 자국, 한 장의 원화에서 인화된 두 장의 사진 같은, 일종의 제조과정을 연상케 한다는 사실을 알 수 있습니다. 생명을 기계적인 방향으로 전환하는 것, 지금 여기에서는 이것이 웃음을 유발하는 요인입니다.

그리고 파스칼이 든 예처럼 무대 위에 두 사람만 있는 것이 아니라 여럿, 아니, 가능한 한 많은 서로 닮은 인물이 오고 가면서 동시에 같은 행동을 하고 같은 방향으로 춤추고 팔을 휘두른다면, 웃음은 한층 더 커질 수 있습니다. 이 경우, 서로의 팔과 팔, 다리와 다리, 얼굴 근육 하나하나가 보이지 않는 실로 연결되어 있는 꼭두각시 인형이 떠오를 것입니다. 전체를 아우르고 있는 절대적인 획일성 때문에, 아주 유연하게 움직이고 있음에도 배우들은 마치 로봇처럼 경직되어 보입니다. 빤한 유희의 기저에는 아마도 이런 기제가 깔려 있을 것입니다. 이들은 아마도 파스칼을 읽은 적이 없겠지만, 그들의 연출은 파스칼의 글이 담고 있는 제안을 온전히 현실화시킨 것이라고 볼 수 있습니다. 두 번째 예시에서 웃음을 유발한 원인이 기계적 행동이 불러일으키는 환각 효과 때문이라고 본다면, 보다 미묘한 방식이기는 하지만 첫 번째 예시에서도 같은 작용이 이루어진 것이겠지요.

이런 식으로 추론을 이어나가다 보면, 앞서 언급했던 법칙의 결과가 점점 더 큰 중요성을 띠면서 광범위하게 펼쳐지는 것을 어렴풋이 감지합니다. 기계적 효과가 흐릿하게 눈에 들어오는 것이지요. 즉, 사람의 단순한 몸짓을 통해 분명하게 드러나는 것이 아니라 복잡한 행동에서 은근히 나타나는 것을 알게 됩니다. 말이나 장면을 주기적으로 반복하거나 배역을 뒤바꾸고 웃음을 유발하는 오해를 기하학적으로 전개하는 등 희극에서 일반적으로 쓰이는 장치들과, 그 외에 수많은 무대 장치가 발휘하는 희극적 힘이 결국은 동일한 원천에서 파생된다는 것을 직관적으로 느끼게 됩니다. 따라서 극작가의 기교란 아마도 사람의 일상사에서 있을 법한 일의 외적 측면을 세심하게 보존하고, 또 그렇게 함으로써 삶의 유연성이 가진 어떤 것을 유지하면서 동시에 시계 장치처럼 기계적으로 작동하는 설정을 우리 앞에 펼쳐놓는 것입니다. 하지만 앞으로의 분석 과정에서 차차 드러나게 될 결과에 대해서는 말을 아껴두도록 하지요.

5.희극성을 확산시키는 힘,
살아있는 생명체에 덧입혀진 기계적인 것

더 나아가기 전에, 잠시 걸음을 멈추고 주위를 둘러봅시다. 책의 앞머리에서 암시했듯이, 간단한 공식 하나에 모든 희극적 효과를 적용하려는 것은 소용없는 일입니다. 보기에 따라서는 충분히 공식이 존재한다고 볼 수 있지만, 그 공식대로만 전개되지는 않기 때문이지요. 다시 말하자면 어떤 궁극의 효과를 연구하기 위해서 때로는 추론을 중단해야 할 때가 있습니다. 이런 효과들 각각을 모형으로 삼아 그것을 중심으로 새로운 효과들이 둥글게 자리잡음으로써 원형의 형태를 갖춥니다. 이 새로운 효과들은 공식을 통해 추론된 것은 아닙니다. 그렇지만 앞서 공식을 통해 추론된 효과들과 관계를 가질 것이고, 그에 따라 희극성을 갖습니다. 이 단계는 기하학자이기도 했던 파스칼이 룰렛$_{Roulette}$ 또는 사이클로이드$_{Cycloid}$라는 이름으로 연구한 곡선으로 정의할 수 있습니다. 마차 바퀴 둘레의 어느 한 지점에 점을 찍었을 때, 그 점은 마차가 앞으로 똑바로 움직이는 동안 바퀴와 함께 회전하면서 곡선의 궤적을 그리게 되는데, 이를 룰렛 궤적이라고 합니다. 아니면 퐁텐블로 숲에서 볼 수 있는 것과 같은 광대한 길을 떠올려볼 수도 있겠네요. 그곳에는 간간이 교차로임을 알려주는 십자로가 있는데, 그 주위를 돌아 잠시 앞에 펼쳐진 길을 걷다 보면 원래의 자리로 돌아오게 됩니다. 이제 우리는 그 정신적 교차로들 중 하나를 막 마주친 셈입니다. 살아있는 생명체 위에 덧입혀진 기계적인 그 무엇은, 우리가 멈춰 서야 할 교차로이자 상상력이 여러 방향으로 갈라져 나가는 중심 이미지입니다. 상상력은 과연 어떤 방향으로 갈라져 나가는 것일까요? 이는 크게 세 방향으로 볼 수 있습니다. 이제부터 한 방향씩 따라가면서 우리가 앞으로 가야할 길을 계속 가 보도록 하겠습니다.

1. 우선 기계적인 것과 생명력 있는 것이 서로 긴밀히 연결되어 있다고 보는 이런 관점은 우리로 하여금 생명의 유연성Mobility에 적용된 **온갖 경직**의 이미지를 떠올리게 만듭니다. 이 경직의 이미지는 그 연결선을 따라가며 생명의 유연성을 서투르게 모방하고자 하지요. 이제 우리는 옷이라는 것이 얼마나 쉽게 우스꽝스러워지는 것인지 깨닫습니다. 어떤 점에서는 모든 유행 스타일이 다 우습다고 말할 수도 있겠지요. 다만 유행하는 스타일은 눈에 익어서 그 옷을 입은 사람과 옷이 하나인 것처럼 보일 뿐입니다. 이럴 때 우리는 그 둘을 분리하는 상상을 하지는 않습니다. 인체를 감싸고 있는 옷의 둔한 경직성과 그 옷 속에서 살아 움직이는 인체의 유연성을 대조할 생각조차 하지 않지요. 따라서 이때는 희극성이 잠복해 있는 상태라고 할 수 있습니다. 희극성은 덮고 있는 것과 덮여 있는 것 사이의 자연적인 부조화가 너무 확고한 나머지 태곳적까지 거슬러 올라가 모든 것을 동원해도 도저히 둘을 결합시킬 수 없을 때, 드디어 성공적으로 그 모습을 드러내게 됩니다. 그 적절한 예가 바로 높이 솟은 실크 모자입니다. 구식으로 차려입은 괴짜가 있다고 가정해 봅시다. 우리의 관심은 곧바로 그가 입고 있는 옷으로 향할 것입

니다. 그리고 옷을 그로부터 완벽히 구분해 내어 그가 지금 **변장하고 있는 것**이라 말하겠지요. 마치 모든 옷이 본래는 변장과 관계가 없다는 듯이 말입니다! 바로 이때, 옷차림의 우스꽝스러운 측면이 그늘을 벗어나 그 정체를 드러냅니다.

이제 우리는 희극성 문제가 제기하는 매우 난해한 어려움들을 얼핏 눈치 채기 시작했습니다. 웃음에 대한 수많은 잘못된 이론들, 또는 불만족스러운 이론들이 생겨나게 된 데는 많은 이유가 있겠지요. 그중에서도 이론상으로만 희극적이고 실상은 그렇지 않은 경우가 많기 때문입니다. 이것이 관습적으로 계속 받아들여지다 보니 그 안의 희극적 특질이 죽어버린 것이지요. 이 특질을 되살리려면 관습을 중단하고 유행을 거부할 필요가 있습니다. 그런 단절이야말로 희극성을 낳고 우리가 그걸 알 수 있도록 해줍니다. 놀라움이나 대조 등으로 웃음을 설명하려 하기도 하지만, 이것들은 웃고 싶지 않은 수많은 경우에도 똑같이 적용되는 것이고요. 따라서 이 문제의 진실을 밝히는 일은 단순하지 않습니다. 하지만 변장의 문제로 다시 돌아가 보면, 이는 방금 설명한 것처럼 웃음을 불러일으키는 특권을 부여받았으므로 그 힘을 어떻게 활용하는지 조사해 보는 것도 괜찮을 것 같습니다.

우리는 왜 머리카락이 어두운 색에서 금발로 바뀐 것을 보면 웃는 것일까요? 불그레한 코는 무엇 때문에 우스울까요? 그리고 사람들은 왜 흑인을 보면 비웃을까요? 당황스러운 질문일 것입니다. 헤커[17]_Hecker_ 나 크레펠린[18]_Kraepelin,_ 립스[19]_Lipps_ 같은 심리학자들이 끊임없이 이런 질문을 던져 왔지만 모두 다른 답을 내놓았거든요. 그렇지만 저는 어느 날 거리에서 한 평범한 마차꾼을 만난 덕분에 올바른 답을 얻었다고 생각합니다. 그 마차꾼은 자신의 마차에 타고 있는 흑인 승객에게 '더럽다'는 표현을 쓰더군요. 더럽다니! 이 말은 우리가 흑인의 얼굴을 볼 때 잉크나 검댕으로 뒤범벅된 얼굴을 상상한다는 의미가 아닌가요? 그렇다면 붉은 코 역시 주홍색 안료가 칠해진 것처럼 느껴진다고 볼 수 있겠군요. 그렇다면 이 변장이라는 것은 실제로 변장이 아닌, 변장일지도 모르는 그 상황에 희극적

---

17   Ewald Hecker 1843~1909. 독일 심리학자.
18   Emil Wilhelm Kraepelin 1856~1926. 독일 심리학자.
19   Theodor Lipps 1851~1914. 독일 철학자.

효과를 나타내는 것 같습니다.

앞서 든 예에서 보면, 일상적인 옷은 사람과 아무리 뚜렷이 구분되는 색이라 해도 눈에 익으면 몸과 하나인 것처럼 보입니다. 반면 그 다음 예에서처럼 검은색이나 붉은색이 아무리 본래의 피부색이라 하더라도 낯설고 놀라우면 마치 인위적으로 칠해진 색처럼 여겨집니다.

하지만 여기에서 우리는 희극성 이론의 새로운 문제에 또 직면합니다. 바로 다음과 같은 명제입니다. "일상복은 몸의 일부다." 이는 이성적인 측면에서 보면 터무니없는 말입니다. 하지만 우리의 상상력은 이를 진실로 간주합니다. "빨간 코는 색칠한 것이다.", "흑인은 백인이 변장한 것이다."라는 말들 역시 합리적 사고와 이성으로 판단하면 터무니없기 그지없는 말이지만, 순수한 상상력으로 보면 진리입니다. 따라서 이성의 논리가 아닌, 때로 이성에 맞서기까지 하는 상상의 논리가 있는 것이고, 철학은 코믹연구뿐만 아니라 같은 종류의 모든 조사연구에서 이 논리를 감안해야 합니다. 이는 꿈의 논리와도 같은 것인데, 이때 꿈이란 변덕스러운 개인의 상상력에 내맡겨진 것이 아니라 사회 전체가 꾸는 그런 꿈을 말합니다. 이 숨겨진 논리를 재건하기 위해서는 특별한 종류의 노력이 필요합니다. 그러한 노력을 통해 주도면밀하게 계층화된 판단들과 확고하게 자리잡은 관념들의 외피를 벗겨낼 생각입니다. 그때 우리는 마음속 깊은 곳에서 이미지들이 하나에서 다른 하나로 오가며 마치 풍부한 지하수처럼 끝없이 흐르는 것을 목격할 것입니다. 이미지들이 이렇게 서로에게 완벽히 스며드는 일은 우연히 일어나는 현상이 아닙니다. 이는 법칙, 아니 더 정확히 말하자면 습관을 따릅니다. 습관과 상상력의 관계는 논리와 사고의 관계와 동일합니다.

그럼 이 상상력의 논리를 따라 지금 다루고 있는 특별한 경우를 더 살펴보기로 합시다. 변장하고 있는 사람은 희극적입니다. 변장하고 있는 것처럼 보이는 사람도 희극적입니다. 따라서 사람의 변장뿐만 아니라 사회의 변장, 심지어 자연의 변장에 이르기까지 모든 변장은 희극적이라는 유추가 가능합니다.

'자연'의 변장부터 시작해볼까요. 털이 반쯤 깎인 개나 조화로 가득한 화원, 나무마다 온통 선거문구가 걸린 숲 등을 본다면 우리는 웃음이 납니다. 이유를 찾아 보면, 우리가 또 다시 변장을 떠올리고 있다는 사실을 알게 됩니다. 하지만 여기에는 코미디 요소가 매우 희미합니다. 그 원천에서 너무 멀리 떨어져 있기 때문이지요. 코미디 요소를 강화하고 싶다면 본래의 원천 그 자체로 되돌아가 그 변장된 이미지, 즉 파생된 이미지를 본래의 이미지와 대조해야 합니다. 그 본래의 이미지란, 내 기억이 맞는다면, 생명체의 탈을 쓴 기계의 이미지를 말합니다. '기계적으로 변장한 자연'이야말로 희극적인 주제이며, 우리는 이 주제를 상상력을 통해 무한 변형시킴으로써 진심에서 우러나오는 재미를 성공적으로 유발할 수 있습니다. 〈알프스의 타르타랭[20]Tartarin Sur Les Alpes〉에 나오는 재미있는 구절을 예로 들어 볼까요. 소설에서 봉파르는 스위스가 마치 오페라 극장의 지하실처럼 기계로 가득차 있으며 일련의 폭포와 빙하, 인공 크레바스[21]를 점검 보수하는 회사에 의

20 　알퐁스 도데(Alphonse Daudet 1840~1897)가 쓴 소설. 익살스러운 성품을 지닌 타르타랭의 알프스 등산기를 우화적으로 그렸다. 타르타랭은 여행길에서 만난 옛 동료 봉파르의 허풍이 넘어가 스위스 전체가 하나의 안전한 테마파크라는 착각을 하면서 여러 죽을 고비를 넘긴다.

21 　Crevasse. 빙하의 표면에 생긴 깊은 균열.

해 관리되고 있다는 생각을 타르타랭으로 하여금, 그리고 어느 정도까지는 독자 역시도, 받아들이게 만듭니다. 그리고 이 주제는 꽤 다른 스타일로 바뀌긴 했지만 영국의 유머작가 제롬 K. 제롬[22]의 〈새로운 이야기들Novel Notes〉에도 다시 등장합니다. 자선행위를 하고자 하지만 그것이 자신의 시간을 너무 많이 잡아먹지 않기를 바라는 한 나이든 여성 자선가가 적당한 대상을 물색해 자신의 저택 가까이에 집을 마련해 줍니다. 그들은 소위 맞춤선별된 무신론자들과 본의 아니게 주정뱅이 노릇을 하게 된 선량한 이웃들로서 그녀는 그들을 개종시키고 나쁜 행동을 고쳐주는 등의 선행을 베풀지요. 희극적인 구절들 속에서 이런 주제는 순수한 것이든 인위적으로 꾸민 것이든 천진난만함과 결부되어 마치 멀리서 들려오는 메아리처럼 울려 퍼집니다. 이때 이 천진난만함은 일종의 양념 같은 역할을 하지요. 천문학자 카시니[23]의 초대를 받아 월식을 보러 왔던 한 부인의 말을 예로 들어 볼까요? 예정시

22　Jerome Klapka Jerome 1859~1927. 영국 소설가이자 유머작가. <보트 위의 세 남자>(1889), <게으른 녀석에 대한 게으른 생각>(1886), <자전거를 탄 세 남자>(1900)가 유명하다. <새로운 이야기들>은 1893년 작.

23　J. de Cassini 1748~1845. 프랑스 천문학자이자 지도제작자. 파리 천문대에서 태어나 아버지의 뒤를 이어 천문대장이 되었다.

간보다 많이 늦게 도착한 그녀는 이렇게 말합니다. "카시니 씨, 저를 위해 다시 보여주실 수 있나요?" 아니면, 곤디네[24]의 〈화산$_{Le Volcan}$〉에 나오는 한 인물이 어느 마을에 도착해 근처에 사화산이 있는 것을 알고 외친 말도 좋은 예입니다. "여기 사람들은 화산에 불이 꺼지는 걸 보고도 그냥 놔두었나 보군!"

이번에는 '사회'에 대해 이야기해 보겠습니다. 사회에 살면서 또 그 일부이기도 한 우리는 사회를 살아있는 존재로 볼 수밖에 없습니다. 따라서 사회가 스스로 변장하고 있다는 생각이 들게 만드는 이미지, 즉 이를테면 사회적 변장을 암시하는 이미지는 그게 무엇이든 웃음을 유발하지요. 여기서, 살아있는 사회를 바탕으로 삼아 뭔가 생기 없거나 진부한 것, 또는 아예 만들어져 있던 것을 인지할 때 이런 생각이 형성됩니다. 이때 생명력의 내적 유연성과 충돌하는 경직성이 다시 한 번 등장하지요. 따라서 사회생활의 의례적 측면에는 늘 코미디 요소가 잠재적으로 내포되어 있는 것이 틀림없습니다. 다만 그 전모를 활

---

24   Edmond Gondinet 1828~1888. 프랑스 극작가. 알퐁스 도데와 외젠 라비슈와 콜라보로 여러 작품을 남겼다. 화산Le Volcan은 1882년 작.

짝 드러낼 기회를 엿보고 있을 뿐이지요. 의례가 사회 주체와 맺고 있는 관계는 의복이 육체와 맺고 있는 관계와 같습니다. 의례의 엄숙함은 관습상 의례와 결부된 엄숙한 대상을 통해 그것을 인식한다는 사실에 기인합니다. 하지만 우리가 상상 속에서 그 둘을 격리시키자마자 엄숙함은 사라지지요. 따라서 어떤 의례든 우리가 그 요소에만 주의를 고정시키면, 즉 철학자들의 말처럼[25] 그 질료를 무시한 채 그 형상만을 생각하면 충분히 희극적으로 만들 수 있습니다. 평범한 시상식에서 엄숙한 재판정에 이르기까지 판에 박은 듯 진부한 사회적 행위에서 코미디 정신이 얼마나 쉽게 그 독창성을 발휘하는지는 누구라도 알 것입니다. 어떤 형태나 공식도 희극적 요소에 적합한 기성의 틀이 될 수 있습니다. 여기서 희극성은 다시 한 번 그 원천에 더 가까이 다가가게 되며, 이로써 더욱 두드러지게 나타납니다. 우리는 희화화된 모방품에서 벗어나 본래의 개념, 즉 생명체 위에 덧씌워진 기계적인 그 무엇으

---

25   아리스토텔레스(Aristotle 384~322 BC.)가 주창한 '질료형상론'을 가리킨다. 모든 사물은 질료와 형상이 결합됨으로써 존재하게 되는데, 말하자면 가능태로만 존재하는 질료에 형상이 결합됨으로써 비로소 실체가 탄생한다는 이론이다. 통상적으로 질료는 내용이요, 형상은 형식을 뜻하는 것으로 이해된다.

로 되돌아가야 합니다. 의식 절차가 갖고 있는 딱딱하고 엄격한 격식이 이미 그런 종류의 이미지를 우리에게 제시해 주고 있습니다. 따라서 어떤 의식이나 의례가 품고 있는 진지한 목적을 우리가 망각하는 순간, 그 의식에 참여하고 있는 이들은 마치 꼭두각시가 움직이고 있는 것 같은 인상을 주게 되는 것입니다. 그 움직임은 법칙의 부동성immobility을 따르는 것처럼 보입니다. 자동기계가 되는 것이지요.

하지만 완벽한 자동기계는 예를 들자면 마치 단순한 기계처럼 임무를 수행하는 공직자에게서나 볼 수 있습니다. 또는 자연법 등 필연적으로 냉혹하게 적용되는 행정 규제의 무의식 상태와도 같은 것이지요. 저는 이런 종류의 희극성을 신문에서 아주 우연히 만난 적이 있습니다. 20년 전 프랑스 북부 디에프Dieppe 연안에서 대형 증기선 한 척이 난파되었답니다. 승객들 중 일부만이 보트 한 척을 나눠 타고 겨우 구조되었는데, 그들을 도우러 용감하게 달려온 세관들이 맨 처음 한 질문이 이것이었답니다. "혹시 신고하실 물건 있으신가요?" 보다 미묘하긴 하지만 이와 비슷한 예가 또 있습니다. 기차에서 발생한 끔찍한 살인 사건 직후 한 하원의원이 내무장관에게 질의하던 중 이렇게 말했다지요. "범인은 피해자를 살해한 뒤 철도 교통법을 위반하고 기차 반대편으로 빠져나간 것이 틀림없습니다."

이제 우리는 자연에 도입된 기계적인 요소와 자동적으로 적용되는 사회 법규, 즉 웃음을 유발하는 두 가지 형태의 효과에 도달했습니다. 남은 일은 이 둘을 결합해 어떤 결과가 나타나는지를 살펴보는 것이겠지요.

그 결과는 분명 인간의 규정이 자연법칙의 자리를 대신 차지하는 것으로 나타날 것입니다. 제롱트가 스가나렐[26]에게 심장은 왼쪽, 간은 오른쪽에 있다고 말했을 때 스가나렐이 한 대답을 떠올려 보면 되겠군요. "예, 전에는 그랬지요. 하지만 우리가 다 바꾸어 버렸답니다. 지금은 완

---

26 '스가나렐'은 몰리에르 희극에 자주 등장하는 인물이며, 몰리에르 자신이 연기한 배역이다. 몰리에르의 희극 <억지 의사>(1666)는 부부싸움 끝에 남편을 골탕 먹이려는 부인의 계략으로 졸지에 의사가 된 스가나렐이 벌이는 풍자극이다. 부자 제롱트에게는 거짓으로 벙어리 행세를 하는 딸 뤼생드가 있다. 뤼생드는 가난한 청년 레앙드르를 사랑하지만 아버지는 다른 남자에게 시집 보내려 한다. 스가나렐은 레앙드르를 자신의 약사로 꾸며 제롱트의 집을 방문한다.

전히 새로운 방식으로 진료합니다." 또한 〈푸르소냑 씨 [27] M. de Pourceaugnac〉의 두 의사가 나누던 이야기를 떠올려 볼 수도 있을 것입니다. "선생님께서 내린 진단은 너무도 박식하고 품격이 있군요. 저 환자가 우울증이 아닐 가능성은 전혀 없을 것 같습니다. 아니, 설사 우울증이 아니라해도 선생님 진단의 품격과 추론의 정확성을 볼 때 반드시 우울증이어야 할 것 같네요." 이런 예는 얼마든지 들 수 있습니다. 몰리에르[28]의 작품에 나오는 의사들을 한 사람씩 차례차례 부르기만 해도 될 정도지요. 게다가 희극적 상상이 아무리 멀리까지 뻗어나가는 것처럼 보여도, 때로는 현실이 그것을 능가한답니다. 논쟁을 즐기는 한 현대철학자가 추론은 나무랄 데 없으나 경험에는 배치된

---

27   몰리에르의 1669년 발레 희극. 86쪽 주석 38 참고.

28   Molière 1622-1673. 본명은 장바티스트 포클랭(Jean-Baptiste Po-quelin). 프랑스의 대표적인 희극작가이자 당대 최고의 희극 연기자. 그의 마지막 작품 <상상병 환자>를 연기하다가 무대 위에서 쓰러져 사망했다. 몰리에르의 작품 상당수가 이 책에 소개되어 있다. 이 책에 소개된 희극은 다음과 같다. <덤벙쟁이>, <사랑의 원한>, <우스꽝스러운 재녀들>, <스가나렐 혹은 상상으로 오쟁이 진 남편>, <남편들의 학교>, <아내들의 학교>, <강제결혼>, <타르튀프>, <사랑이라는 의사>, <인간 혐오자>, <억지의사>, <앙피트리옹>, <수전노>, <푸르소냑 씨>, <서민 귀족>, <학식을 뽐내는 여자들>, <상상병 환자>, <스카팽의 간계>.

다는 말을 듣고는 이 한마디로 논쟁을 일축했다고 하지요. "그렇다면 경험이 잘못된 겁니다." 사무적인 절차를 다루듯 인간의 삶을 규정할 수 있다고 보는 견해는 실제로 생각보다 널리 퍼져있습니다. 우리는 재구성이라는 인위적인 방법을 거쳐 방금 얻어낸 결론이지만, 나름대로는 자연스러운 견해이기도 하고요. 현학적인 태도의 전형이라고 말할 수도 있겠지요. 현학적인 태도란 사실상 자신이 자연을 능가하는 것처럼 보이려는 기교에 지나지 않는 것이니까요.

요약해서 말하자면, 인체를 인위적으로 **기계화**_{mechanisation} 할 수 있다는 (이런 표현이 허용된다는 가정 하에) 생각에서부터 인위적인 것은 무엇이든 자연을 대체할 수 있다는 생각에 이르기까지, 결국 하나의 동일한 효과가 보다 교묘한 형태로 나타난 것이라고 볼 수 있습니다. 논리는 점점 느슨해지다 못해 꿈의 논리를 닮아가고, 이는 동일한 관계를 보다 높은 차원의 영역인 더욱 비물질적인 관계들 틈에 가져다 놓지요. 결국 우리는 옷이 살아있는 인체와 맺고 있는 것과 동일한 관계를, 단순한 행정법이 자연법칙 또는 도덕률과 맺고 있는 것을 보게 되는 것입니다. 이제 우리는 앞서 따라가 보기로 했던 세 방향 중 첫 번째 방향의 끝에 다다랐습니다. 두 번째 방향은 어디로 우리를 이끌고 갈지 한번 따라가 보겠습니다.

2. 다시 한 번 밝히건대, 우리의 시발점은 '살아있는 것에 덧씌워진 기계적인 어떤 것'입니다. 희극성은 살아있는 몸이 기계처럼 경직된다는 사실에 기인했었습니다. 살아있는 몸은 완벽하게 유연한 것으로 여겨졌지요. 즉 항시 작용하는 어떤 원칙을 놓치지 않고 따른다고 본 것입니다. 하지만 이런 활동은 사실 육체보다는 정신에 속합니다. 이는 생명의 불꽃 그 자체로서, 보다 고차원적인 원칙에 의해 우리 안에 점화되어 마치 유리를 통해 바라보듯 육체를 통해 감지되는 것입니다. 살아있는 육체에서 오로지 우아함과 유연함만을 본다면, 그것은 우리가 그것이 갖고 있는 무게나 저항, 즉 물질적인 요소들을 간과했기 때문입니다. 육체의 물질성은 잊어버리고 생명력만을 생각한 것이지요. 지적이고 정신적인 삶의 원칙에서 나왔다고 여겨지는 그런 생명력 말입니다. 그러나 우리의 관심이 육체가 지닌 물질적인 측면에 집중되어 있다고 가정해 봅시다. 생기를 불어넣어 주는 그 원칙의 가벼움과

미묘함을 공유하지 못해 육체가 마치 드높이 부상하기를 열망하는 정신을 땅에 붙잡아 두는 지긋지긋한 짐처럼 무겁고 다루기 힘든 껍데기에 불과하다고 가정해 보는 겁니다. 이때 육체가 정신과 맺는 관계는 바로 앞서 언급한 옷과 육체와의 관계처럼 될 것입니다. 스스로 움직이지 못하는 물질이 살아있는 에너지 위에 얹혀 있는 모양인 셈이지요. 이렇게 하나가 다른 하나 위에 놓인 상태를 우리가 명확하게 이해하는 순간, 희극적 인상이 생겨납니다. 그리고 우리가 육체의 욕구로 인해 **애먹는** 정신을 볼 때, 즉 한편에는 다양한 지적 에너지를 갖춘 정신이 있고, 또 다른 한편에는 어리석을 정도로 단조로운 육체가 있어 그 기계적인 고집으로 모든 것을 끊임없이 방해하는 것을 볼 때, 우리는 그 어느 때보다 강렬한 희극적 인상을 경험합니다. 육체의 이러한 욕구가 시시하고 또 일률적으로 반복될수록 그 경험은 더욱 강렬해지지요. 하지만 이런 현상은 그 정도에만 차이가 있을 뿐 대체로 다음과 같이 말할 수 있을 것입니다. ― **정신적인 것이 중요한 상황에서 육체적인 것에 관심을 기울이게 만드는 것은 희극적이다.**

연설 도중 가장 감동적인 순간에 재채기를 터뜨리는 연설가를 보고 우리는 왜 웃을까요? "고인은 고결하고 뚱뚱한 사람이었습니다." 어느 장례식 추모사에서 따온 말로 독일의 한 철학자가 인용한 이 문장은 어디에 희극적 요소가 있는 것일까요? 그것은 바로 우리의 관심이 갑작스럽게 정신에서 육체로 소환된다는 사실에 있습니다. 비슷한 예를 일상에서 많이 볼 수 있지요. 하지만 굳이 찾아보는 수고를 하고 싶지 않다면, 라비슈[29]~Labiche~의 책을 아무데나 펼쳐보기만 하면 됩니다. 거의 이런 효과를 만나게 될 확률이 크거든요. 자, 충치로 인한 통증 때문에 가장 감명 깊은 부분에서 연설을 중단하는 연설가가 나오네요. 연설을 하다 말고 구두가 너무 작다거나 허리벨트가 너무 꼭 낀다는 등 불평을 늘어놓는 인물도 있고 말이지요. 이 예들 모두 **자신의 육체로 인해 당혹스러워하는 사람**의 이미지를 보여주고 있습니다. 지나치게 뚱뚱한 몸이 웃음을 불러일으키는 이유도 아마 이와 같은 이미지를 상기시키기 때문이겠지요. 수줍음을 때로 우습게 만드는 것도 이와 마찬가지 이유 때문일 테고요. 수줍음을 타는 사람은

---

29   Eugène Marin Labiche 1815~1888. 프랑스 희극 작가. <이탈리아 밀짚모자>, <표적>, <페리숑 씨의 여행> 등의 작품을 남겼다.

자신의 몸 때문에 당황스러워 화장실이라도 찾아가 숨으려고 두리번거린다는 인상을 주기도 하거든요.

이는 비극 작가들이 주인공의 물질적인 측면에 주의가 쏠리지 않도록 주의를 기울이는 이유이기도 합니다. 육체적인 문제가 드러나면 그 즉시 희극적 요소가 끼어들 우려가 있기 때문이지요. 이런 이유로 비극의 주인공은 먹지도, 마시지도, 불을 쬐지도 않습니다. 심지어 앉지도 않아요. 아무리 멋진 대사라 하더라도 도중에 앉는다면 육체의 존재를 상기시키기 때문입니다. 심리학에 관심이 많았던 나폴레옹은 그저 자리에 앉는 것만으로도 비극은 효과적으로 희극이 될 수 있음을 알고 있었습니다. 구르고 남작[30]의 〈미간행 일기Journal inedit〉에 예나 전투[31] 후 프러

---

30 Gaspard, Baron Gourgaud 1783~1852. 나폴레옹 전쟁 당시 유명한 프랑스 군인. 나폴레옹이 세인트헬레나 섬에 유배될 때 함께 배를 탔다. 유배지에서 나폴레옹과 대화한 내용을 기록한 그의 저술 <세인트헬레나: 1815~1818년의 일기Sainte-Hélène, journal inédit de 1815 ~ 1818>는 역사적으로 매우 중요한 사료로 평가된다. 이 미간행 일기는 1899년에야 출간되었다.

31 1806년 10월 14일 프랑스군과 프로이센군이 맞붙은 전투. 이 전투에서 프랑스군이 압승을 거두고 곧 베를린을 함락했다.

시아 왕비[32]와의 면담에 대해 언급한 부분에서 그는 다음과 같이 자신의 생각을 내비쳤습니다. "왕비는 마치 쉬멘느[33]_{Chimene}처럼 비극적인 분위기로 나를 맞이했다. '부디 정의를! 폐하, 정의를! 마그데부르크만은 안 됩니다!' 그렇게 계속해서 나를 당황스럽게 만들었다. 결국 나는 분위기 전환을 위해 그녀에게 앉을 것을 권했다. 이는 비극적 장면을 끝내는 가장 좋은 방법으로서 앉는 즉시 비극은 완전히 희극이 되어버리기 때문이다."

이제 **정신보다 우선하는 육체**의 이미지를 확대해 보면 더 일반적인 결론에 다다르게 됩니다. 즉 '**내용을 능가하려는 형식, 글의 진의를 트집 잡으려는 표현**'이 그것입니다. 희극이 직업을 우스갯거리로 만들 때 우리에게 제안

---

32   메클렌부르크슈트렐리츠의 루이제(Luise Herzogin zu Mecklen-burg-Strelitz 1776~1810). 프로이센 국왕 프리드리히 빌헬름 3세의 부인. 프로이센이 프랑스군에 크게 패해 영토를 점령당했을 때 더 나은 조건으로 전후처리를 하기 위해 노력했다. 루이제 왕비의 사정에도 불구하고 나폴레옹은 마그데부르크를 프로이센에게서 빼앗아 신생 왕국을 만들었다.
33   프랑스를 대표하는 비극작가 피에르 코르네유(Pierre Corneille 1606~1684)가 1637년에 발표한 <르 시드Le Cid>의 여주인공. 작품에서는 연인에 대한 사랑과 그 연인에 맞선 가문의 의무라는 대립된 정념 사이에서 쉬멘느의 내면이 그려진다.

하고자 하는 바가 어쩌면 이것이 아닐까요? 희극에서 변호사와 행정관과 의사들은 마치 건강이나 정의 따위는 조금도 중요하지 않다는 듯 말합니다. 정말 중요한 점은 우리에게 변호사나 행정관과 의사가 필요하다는 것, 그리고 이런 직업에 적용되는 모든 외적인 형식들이 철저히 준수되어야 한다는 것이라고 말하지요. 따라서 우리는 수단이 목적을 대신하고 형식이 본질을 대신해, 더 이상 직업이 대중을 위해 만들어진 것이 아니고 대중이 직업을 위해 존재하는 것을 보게 됩니다. 여기에서, 형식에 대한 끊임없는 관심과 원칙의 기계적 적용은 일종의 직업적 자동기계$_{automatism}$를 초래하게 되지요. 이 자동기계는 육체적 습관 때문에 정신에 부과된 것과 비슷한 것으로 역시나 웃음을 유발합니다. 이런 예는 연극에서 많이 볼 수 있습니다. 따라서 이런 주제에서 변형된 다양한 예들을 세세히 살펴보는 대신, 주제 자체가 간단하게 제시되어 있는 구절만 두어 개 인용해 보도록 하지요. "우리는 관례대로 환자를 다루기만 하면 돼." 〈상상병 환자[34]$_{Malade\ imaginaire}$〉

---

34 몰리에르의 마지막 작품. 구두쇠 아르강은 아픈 데가 없지만 건강 염려증 환자다. 주치의 퓌르공은 아르강의 염려증을 최대한 이용해 돈을 긁어내려 하지만 의술에 대한 정열과 나름의 원칙을 보여준다. 치료가 많을수록 아르강은 안심한다.

에서 의사 디아프와뤼스가 하는 말입니다. 〈사랑이라는 의사[35] L'Amour médecin〉에서는 의사 바이가 이런 말을 하지요. "규칙을 어기면서 회복되는 것보다는 규칙에 따라 죽는 편이 낫지." 이 작품에서는 앞서 데 포낭드레가 이런 말도 합니다. "무슨 일이 일어나더라도 우리는 직업이 의례적으로 정한 형식을 항상 지켜야 해." 그리고 그의 동료 토메가 그 이유를 말하지요. "죽은 사람은 죽은 사람일 뿐이지만, 형식상의 절차를 지키지 않으면 전체 의사들에게 큰 악영향을 끼친다고." 약간 다른 개념을 담고 있긴 하지만 브리드와종[36]의 대사 또한 중요한 의미가 있습니다. "혀…형식, 그러니까, 혀…형식이죠. 판사라도 모닝코트를 입고 있으면 웃음을 사지만 변호사가 법복 차림이면

---

35   몰리에르의 발레희극. 루이 14세의 명령으로 베르사이유에서 초연을 했다. 스가나렐의 딸 루신드를 사랑하는 가짜 의사 클리탕다르는 딸이 결혼하지 않고 자기와 함께 살기를 바라는 스가나렐의 요청으로 루신드를 진찰하며, 당신 딸이 죽을 병에 걸렸고 결혼을 해야만 낫는다고 선언한다. 이 희극에 등장하는 바이, 데포낭드레, 토메가, 마크로통 모두 의사이다.

36   프랑스 극작가 피에르 보마르셰(Pierre-Augustin Caron de Beaumarchais 1732~1799)가 쓴 <피가로의 결혼>에 나오는 등장인물. 말더듬이 재판관 브리드와종은 항상 법복을 입고 다닌다. 사람들이 법복 앞에서 벌벌 떤다는 이유 때문이다. 모짜르트는 보마르셰의 희극에 기초해서 동명의 오페라를 남겼다. 92쪽 주석 42를 보라.

옆으로 지나가기만 해도 사람들이 겁에 질려 벌벌 떨거든요. 그러니까 혀…형식, 전적으로 혀……형식이 중요한 겁니다."

여기서 우리는 앞으로 연구가 진행되어 갈수록 점점 더 분명하게 드러나게 될 법칙의 첫 번째 예를 보았습니다. 음악가가 악기로 어떤 음을 치면, 그만큼 큰 소리는 아니지만 다른 음들도 소리를 냅니다. 그리고 그 소리는 확고한 연결고리를 통해 첫 음과 연결되어 하나로 합쳐지고, 결국에는 음색을 결정하게 되지요. 이것을 물리학적으로 바탕음의 배음[37]Overtones이라고 부릅니다. 희극적 상상은 아무리 부자연스럽고 엉뚱한 것이라도 이와 비슷한 법칙을 따릅니다. 예를 들어, '내용을 능가하려는 형식'이라는 희극적 음을 생각해 봅시다. 우리의 분석이 정확하다면, 이 희극적 음은 정신을 애태우는 육체, 정신보다 우선하는 육체를 배음으로 가지고 있을 것입니다. 그렇다면 희극

---

37   일상에서 접하는 대부분의 음은 이른바 '복합음'이며 복수의 부분음으로 이루어진다. 그중 진동수가 최소인 것을 바탕음, 나머지를 상음이라고 하며, 바탕음에 대해 진동수가 정수배 관계에 있는 상음을 배음이라고 한다. 배음 사이의 에너지 분포와 그 시간적 변화는 '음색'의 큰 요소가 된다.

작가는 첫 음을 치자마자 본의 아니게 무의식적으로 두 번째 음을 치는 셈이 됩니다. 다시 말해, **전문적인 우스꽝스러움에 육체적인 우스꽝스러움을 더하는 것이지요.**

브리드와종 판사가 말을 더듬으며 무대에 등장할 때, 사실상 그 더듬거림은 앞으로 목격하게 될 지적 경직화 현상을 이해할 수 있게 우리를 준비시켜 주는 것은 아닐까요? 이런 육체적 결함과 정신적 결함 사이에는 어떤 비밀스러운 결합관계가 있을까요? 대답하기는 쉽지 않습니다. 하지만 말로 표현할 수 없는 어떤 관계가 있다는 것은 느낄 수 있지요. 아마도 정황상 이 판결을 내리는 기계는 말하는 기계 역할을 해야 했을 겁니다. 어쨌든 그 어떤 배음도 이보다 더 완벽하게 바탕음을 완성시켜 주지는 못했을 것 같군요.

몰리에르는 〈사랑이라는 의사〉에 바이와 마크로통이라는 두 웃긴 의사를 등장시키면서, 그들 중 한 사람은 마치 자신의 말을 음절 단위로 확인하듯 매우 천천히 말하게 하고, 다른 한 사람은 더듬거리게 만들었습니다. 이와 동일한 대비를 우리는 〈푸르소냑 씨[38]〉에 등장하는 두 변호사에게서도 찾아볼 수 있습니다. 직업적 우스꽝스러움의 요소를 결정짓는 신체적 특이점은 일반적으로 말의 리듬에 있습니다. 작가가 이런 결함을 제시해 주지 못할 경우에는 배우가 본능적으로 이런 특징을 창조해 내지요.

따라서 우리가 지금까지 비교의 대상으로 삼아온 두 개의 이미지, 즉 어떤 틀에 갇혀 굳어져버린 정신과 어떤 결함으로 말미암아 유연함을 잃어버린 육체 사이에는 자연스럽게 인식되는 실재적 관계가 있습니다. 우리의 관심이 본질에서 형식으로 옮겨가든, 아니면 정신에서 육체로 옮겨가든, 우리의 상상력에 전해지는 인상의 종류는 같습니다. 따라서 희극성의 종류 또한 같다고 볼 수 있지요. 이 시점에서 다시 한 번 밝히지만, 우리의 목표는 상상력이 자연스럽게 움직이는 방향을 따라가 보는 것이었습니다. 기억대로라면 이번 방향은 중심 이미지에서 출발해 우리에게 제시된 것들 중 두 번째겠지요. 그 마지막 세 번째

---

38   몰리에르의 발레 희극. 1669년 샹보르 궁에서 루이 14세 앞에서 초연을 했다. 푸르소냑은 오롱트의 딸 쥘리와 약혼한다. 쥘리는 푸르소냑과 결혼할 생각이 없다. 그녀는 젊고 잘생긴 파리지앵 에라스테를 사랑한다.

방향이 아직 탐험 전이군요. 이제부터 떠나 보겠습니다.

3. 그럼, 마지막으로 우리의 중심 이미지, 즉 '뭔가 살아있는 것 위에 덧씌워진 기계적인 것'으로 되돌아가 봅시다. 여기에서 논의된 살아있는 것이란 인간, 즉 사람을 가리키는 것이었습니다. 반면 기계 장치는 사물이지요. 그러므로 이런 관점에서 그 이미지를 본다면, 웃음을 불러일으킨 것은 사람에서 사물로의 순간적인 전환입니다. 그러면 이제 기계라는 구체적인 개념에서 사물 일반이라는 다소 모호한 개념으로 넘어가 보지요. 여기서 우리는 일련의 우스꽝스러운 이미지들을 새로 얻게 될 텐데, 이 이미지들은 말하자면 이전 이미지들의 윤곽을 흐릿하게 만듦으로써 얻어지며, 우리를 다음과 같은 새로운 법칙으로 이끌어 줍니다. — **사람이 사물로 느껴질 때 우리는 웃는다.**

우리는 산초 판자[39]_{Sancho Panza}가 담요 위에 내동댕이쳐진 채 공처럼 하늘로 튕겨져 오르는 장면에서 웃음을 터뜨립니

39　　미겔 데 세르반테스의 소설 <라만차의 돈키호테>(1605)에 나오는 돈키호테를 따르는 농부 출신 시종. 현실적인 성격으로 돈키호테의 몽상적인 모습을 더 두드러지게 한다.

다. 대포알을 타고 적진으로 돌진하는 뮌히하우젠 남작[40] Baron Munchausen 을 보고도 웃음을 참지 못하지요. 하지만 서커스 광대들의 묘기가 이 법칙을 보다 정확히 설명해 줄 것 같습니다. 광대가 그저 덧붙인 것에 불과한 익살은 제외하지요. 중심 주제만을 염두에 둡시다. 말하자면, 광대가 부리는 기교 중 오로지 "광대다운" 요소를 이루는 갖가지 몸짓과 장난기, 움직임만을 유념해야 한다는 것입니다. 이런 순수한 상태의 희극성을 목격한 경우는 단 두 번뿐이었는데, 두 번 다 같은 인상을 받았습니다. 첫 번째 경우, 광대들은 일정하게 빨라지는 리듬에 맞춰 오고 가며 부딪치고 넘어지고 다시 벌떡 일어서길 반복했습니다. 그리고 그 정도는 눈에 띄게 **점점 더 강렬**Crescendo해졌지요. 관객들의 관심은 몇 번이고 튀어 오르듯 벌떡 일어나는 이 **반동**Rebound에 점점 더 이끌렸습니다. 그리고 그들도 우리처럼 살과 피로 이루어진 사람이라는 사실을 점차 망각하게 되었습니다. 그저 잡다한 꾸러미들이 넘어지고 서로 부딪치는 것처럼 생각하기 시작한 것이지요. 그

---

40   실존한 18세기 독일의 귀족이다. 전쟁과 모험 등을 겪은 자신의 무용담을 주위 사람들에게 과시했고 그의 허풍이 널리 전해졌다고 한다. 이야기들을 모아 독일 작가 루돌프 에리히 라스페가 <뮌히하우젠 남작의 모험>이라는 책을 펴냈다.

러자 그 광경은 보다 분명한 양상을 띠기 시작했습니다. 몸통이 공처럼 이리저리 굴러다니다가 벌떡 일어나곤 하면서 점점 둥근 형태가 나타나기 시작한 겁니다. 그러다 마침내 이 모든 광경이 무의식적으로 전개하고 있다는 이미지가 분명하게 드러났습니다. 그것은 바로 사방으로 던져져 서로 부딪치며 튕기는 커다란 고무공들이었지요. 두 번째 경우는 첫 번째보다 거칠긴 했지만 역시나 유익했습니다. 큰 머리가 당구공처럼 반들반들 벗어진 두 남자가 무대에 등장했습니다. 그들은 손에 긴 막대기를 들고 있었는데, 그것으로 서로의 머리를 차례로 내리쳤습니다. 여기서 다시 한 번 일종의 점진적 변화가 눈에 들어왔습니다. 강도가 점점 세어졌고, 거기에 압도당한 두 사람의 몸은 가격을 당할 때마다 점점 무겁게 처지면서 뻣뻣해지는 것 같았습니다. 그러더니 반격 또한 점점 더 느리게, 그리고 직전보다 더욱 큰 소리를 내며 더욱 세게 이루어졌지요. 두 사람의 머리에서는 조용한 실내를 뒤흔들 만큼 큰 소리가 났습니다. 결국 두 사람은 화살처럼 뻣뻣하고 곧게 굳어버린 몸을 천천히 서로를 향해 굽히다가 막대기가 최후의 일격을 가하자 마치 거대한 망치로 나무 기둥을 내리친 듯 엄청난 소리를 내며 바닥에 엎어지고 말았습니다. 바로 그 순간, 그 두 예술가가 조금씩 관객들의 상상 속에 몰아넣은 암시가 아주 선명하게 드러났습니다. 그것은 바로 "우리는 단단한 목각인형이 될 것입니다……. 자, 보셨지요?"

아무리 배움이 짧은 사람이라 하더라도 여기에서 제시된 교묘한 심리학적인 결과는 본능적으로 눈치 챌 수 있을 것입니다. 우리는 아주 간단한 암시를 통해 최면에 걸린 대상에게 환영을 불러일으키는 일이 가능하다는 사실을 알고 있지요. 새 한 마리가 손에 앉아있다는 암시를 주면, 그의 눈에는 자신의 손에 앉아 있다가 날아가 버리는 새가 보일 것입니다. 하지만 이런 암시가 늘 쉽게 받아들여지는 것은 아닙니다. 대개의 경우 최면술사는 아주 신중하게 단계별로 구성해 놓은 암시를 천천히 최면술 대상자의 머리에 집어넣는 데 성공할 뿐이지요. 그런 다음 최면에 걸린 사람이 실제로 감지한 대상에서 시작해 점점 더 그 대상에 대한 인식을 모호해지게 만든 다음, 이 정신적인 혼돈 상태에서 차근차근 자신이 만들어내고자 하는 환영을 구체적인 형태로 이끌어 냅니다. 잠에 빠져들 때 많은 사람이 이런 경험을 하는데, 색이 있고 유동적이며 형태가 없는 덩어리들이 서서히 뚜렷한 대상으로 구체화되며 시야를 차지하게 되지요.

결과적으로 흐릿하고 모호한 것에서 분명하고 뚜렷한 것으로 점진적으로 이동해 가는 것은 아주 탁월한 암시 방법입니다. 이런 방법은 수많은 희극적 암시의 근간에서, 특히 관객의 눈앞에서 사람이 사물로 변형되는 것처럼 보이도록 연기하는 조잡한 희극에서 찾아볼 수 있습니다. 하지만 보다 교묘한 다른 방법들도 있지요. 주로 시인들이 쓰는 방법으로, 아마 의식한 것은 아니겠지만 목적은 같습니다. 리듬과 운, 유사한 음의 특정 배열을 통해 우리의 상상력을 어르고 달래어 비슷한 것들 사이에서 규칙적으로 앞뒤로 움직이게 흔들어 줌으로써 암시된 상을 순순히 받아들일 수 있도록 준비시키는 것이지요. 르냐르[41]가 쓴 다음 행들을 주의 깊게 읽어 보고, 순간적으로 **인형**의 이미지 같은 것이 여러분의 상상의 장을 가로

---

41   Jean-François Regnard 1655~1709. 몰리에르 이후 17세기를 대표하는 최고의 프랑스 희극작가. 부유한 부모에게서 큰 재산을 상속받은 르냐르는 젊은 시절부터 두려움 없이 모험과 여행을 즐겼다고 한다. 알제리 해적에게 잡혀 노예로 팔려가기도 한 르냐르는 <노름꾼>(1696), <얼빠진 사람>(1697), <재산상속자>(1706) 등의 희곡을 남겼다.

지르는지 지켜봅시다.

……게다가 선량한 사람들에게서 많이도 빚졌지. 1만 프랑 1리브로 1오볼. 약속을 지키키 위해 일 년 내내 그를 챙겼네. 옷 입히고 옮겨 주고 감싸 주고 신겨 주고 끼워 주고 먹여 주고 깎아 주고 축여 주고.

피가로[42]의 다음 농담에서도 이와 같은 것이 눈에 띄지 않습니까? (하지만 여기에서는 사물의 이미지보다는 동물의 이미지를 암시하려고 한 것 같습니다.)

"이 사람은 어떤 사람인가? ─ 잘생겼고, 퉁퉁하며, 작은 애늙은이. 반백의 머리카락, 교활한 악당, 면도는 바싹, 시들하고, 염탐하고, 캐묻고, 투덜거리면서 동시에 신음을 하지."

---

42   보마르셰 3부작 희곡 <피가로의 결혼>, <죄지은 어머니>, <세비야의 이발사>에는 모두 피가로가 등장한다. 이 세 편을 '피가로 3부작'이라고도 부른다. <세비야의 이발사>에서 이발사 피가로는 로지나와 그녀를 사랑하는 알마비바 백작을 이어주는 역할을 한다. 로지나를 집에 가둔 바르톨로 박사가 즉시 로지나와 결혼하려는 상황에서 피가로가 활약한다. 한편 이탈리아 작곡가 로시니는 보마르셰의 <세비야의 이발사>에 기초해서 동명의 오페라를 작곡했다.

지금 이 조잡한 장면과 교묘한 암시들 사이사이에는 무수히 많은 놀라운 효과들이 발휘될 여지가 있습니다. 그런 효과들은 사람에 대해 얘기하면서 한낱 사물에 불과하다는 듯 대할 때 얻어질 수 있는 것이기 때문입니다. 라비슈의 작품에는 이런 예들이 아주 많지만, 우리는 그중에서 한두 개 정도만 살펴보겠습니다.

페리숑[43] 씨는 열차에 오르자마자 짐꾸러미 중 빠트린 게 없는지 확인합니다. "넷, 다섯, 여섯, 우리 집사람 일곱, 우리 딸 여덟, 나까지 아홉." 또 다른 작품[44]에서는 한 다정다감한 아버지가 딸의 학식을 다음과 같은 말로 뽐냅니다. "우리 딸은 프랑스에서 발생한 모든 왕의 이름을 머뭇거림 없이 읊을 수 있다네." 이 '발생한'이라는 말은 왕들을 정확히 단순한 사물로 바꿔놓지는 않지만, 그래도 비인격적인 본질을 지닌 사건들에 비유하고 있습니다.

43　라비슈의 <페리숑 씨의 여행>(1866)에 나오는 주인공. 알프스 여행 중에 페리숑은 낭떠러지에 떨어질 뻔 하다가 아르망이 구해준다. 페리숑은 처음에는 생명의 은인에게 고마움을 표시하더니 시간이 흐를수록 아르망의 도움을 과소평가한다.

44　라비슈의 <샹보데 역>(1862).

이 두 번째 예에서, 희극적 효과를 보장하기 위해 사람을 완전히 사물과 동일시할 필요는 없다는 점에 주목해 주십시오. 예를 들어 어떤 사람과 그가 하는 일을 헷갈려하는 척하는 것만으로도 이런 효과를 충분히 노려볼 수 있습니다. 아부[45] About의 소설 중 하나에 등장하는 어느 면장의 말을 인용해 볼까 합니다. "도지사님은 늘 우리에게 변함없는 친절을 베풀어 주셨죠. 1847년 이래 여러 번 교체되긴 했습니다만……."

이 재미있는 말들은 모두 동일한 원형을 바탕으로 한 것입니다. 방법만 알면 얼마든지 만들어 낼 수 있지요. 하지만 이야기꾼이나 극작가들의 기교는 그저 농담을 지어내는 것이 전부가 아닙니다. 그 농담에 암시의 힘을 부여하는 일, 즉 그 농담이 받아들여질 수 있게 만드는 어려운 일이 남아있지요. 우리는 그 농담이 어떤 특정한 정신 상태에서 자연스럽게 나온 것으로 여겨지거나 상황에 꼭 들어맞아야만 받아들이니까요. 예를 들자면 우리는 페리숑 씨가 처음으로 철도 여행을 떠나면서 무척 들떠있다

---

45   Edmond About 1828~1885. 프랑스의 극작가이자 소설가이며 저널리스트. 이 책에서 언급한 소설은 <피에르 선생>(1858).

는 것을 알고 있습니다. 또 왕에 대해 '발생한'이라는 표현을 쓴 것은 자신 앞에서 딸이 그 말을 수없이 반복했기 때문에 불쑥 튀어나온 것일 테고요. 그 말을 듣는 순간 우리는 반복을 떠올리게 됩니다. 마지막으로 도지사라는 행정 기계를 향한 그 감탄사는 우리로 하여금 여차하면 도지사의 이름이 바뀌어도 달라지는 것은 아무것도 없으며 그 직분의 기능 또한 아무 영향 없이 계속 수행된다고 믿게 만드는 데까지 이를 수 있습니다.

지금 우리는 웃음을 불러일으키는 본래의 요인에서 아주 멀리 떨어진 곳에 다다랐습니다. 많은 희극적 형태가 그 자체로는 설명이 불가능합니다. 이것들은 실제로 또 다른 형태와의 유사성을 통해 이해될 수 있을 것입니다. 이 다른 형태는 또 제3의 형태와의 관계를 통해 우리를 웃게 만들 수 있을 뿐이고, 이런 연결고리는 무한히 계속되겠지요. 그러므로 심리학적인 분석이 제아무리 뛰어나고 면밀하다 하더라도 희극적 인상이 한쪽 끝에서 다른 쪽 끝까지 갈 때 길잡이 삼는 줄을 꼭 붙잡지 않고는 엉뚱한 방향으로 가게 됩니다. 이 점진적인 연속성은 어디에서 나올까요? 희극성이 한 이미지에서 다른 이미지로 미끄러지듯 이동하다 출발지점에서 점점 더 멀어져 결국 산산 조각 난 상태로 한없이 머나먼 추론에 빠지게 만드는 원 동력, 그 낯선 자극은 과연 무엇일까요? 나무의 굵은 가 지를 잔가지로, 튼튼한 뿌리를 잔뿌리로 나누고 그것을 다시 더 세부적으로 나누는 힘은 어떤 것일까요? 모든 살 아있는 에너지는 자신에게 할당된 짧은 시간 안에 최대 한 넓은 공간을 채워야 하는 운명에 처해 있습니다. 이런 냉정한 법칙에서 희극적 상상은 그야말로 살아있는 에너 지이며, 사회라는 척박한 땅을 기름지게 만들어 준 미지 의 식물입니다. 그리고 문화를 통해 가장 품위 있는 예술 작품과 어깨를 나란히 할 수 있을 때를 기다리고 있지요. 사실, 지금까지 살펴본 희극성의 예를 볼 때 우리는 위대 한 예술과는 거리가 먼 곳에 있습니다. 하지만 다음 장에 서는 예술에 좀 더 가까이 다가갈 것입니다. 비록 완전히 가 닿지는 못하더라도 말이지요. 예술$_{Art}$의 하부 영역에는 기교$_{Artifice}$가 있습니다, 바로 자연과 예술 중간쯤에 자리한 이 '기교'라는 영역으로 지금부터 걸어가고자 합니다. 여 기에서 우리는 희극 작가와 그들의 재치를 살펴볼 것입 니다.

제2장 웃음

― 상황의 희극성과 말의 희극성

1.상황의 희극성,
반복기계가 만들어내는 놀이에서
가벼운 희극에서 사용되는 기법까지

우리는 지금까지 형태와 태도와 움직임의 희극성에 대해 고찰해보았습니다. 지금부터는 행동과 상황에서의 희극성을 찾아보겠습니다. 사실 이런 종류의 희극성은 우리가 일상생활에서 얼마든지 쉽게 만날 수 있습니다. 하지만 분석을 하기에 아주 적합하다고는 볼 수 없지요. 연극이 삶의 관점을 확대하고 단순화시킨 것처럼 실제 삶보다는 희극이 우리 주제의 이 특정 부분에 대해 더 많은 정보를 줄 수 있으리라 봅니다. 어쩌면 우리는 이 단순화에서 한층 더 나아가야 할지도 모릅니다. 가장 어릴 적 기억으로 되돌아가 어린아이였던 우리를 즐겁게 해주던 놀이를 톺아보고, 그 안에 희미하게 남아있는, 어른이 된 우리를 웃게 만드는 희극적 조합의 첫 흔적을 찾아봐야 할지도 모르고요. 우리는 자신이 느꼈던 기쁨이나 고통의 감정을 언급할 때 마치 그것들이 처음부터 무르익은 상태였던 것처럼, 마치 그 하나하나가 나름의 발달사를 가지고 있지 않은 것처럼 말하는 경향이 있습니다. 무엇보다 그 감정들이 갖고 있는, 이를테면 우리의 유쾌한 감정들 대부분이 지니는 유치한 요소를 무시하는 경향이 있다는 것이지요. 그렇지만 면밀히 분석해 보면 지금 우리가 느끼는 즐거움 중에는 과거에 느꼈던 즐거움의 기억에 불과한 것이 무척 많습니다. 우리의 감정 중에서 단순한 회상에 해당하는 부분을 빼고 순수한 느낌만을 정확히 계량해 낸다면 과연 얼마나 남을까요? 세월이 지나고 나면 우리는 새롭고 신기한 모든 형태의 기쁨에 둔감해질 수도 있습니다. 중년이 되어 느끼는 최상의 달콤한 즐거움이란 아마도 유년기의 느낌을 복기하는 것, 즉 희미해져만 가는 과거로부터 끊어질 듯 말 듯 점점 더 뜸하게 불어오는 향기로운 미풍을 감지하는 것에 지나지 않을 수도 있겠지요. 어쨌든 이 광범위한 질문에 우리가 어떤 대답을 하든 한 가지는 분명합니다. 아이가 놀이에서 얻는 즐거움과 성인이 되어 얻는 즐거움 사이에는 단절 없는 연속성이 존재한다는 것입니다. 자, 희극은 하나의 놀이입니다. 삶을 모방한 놀이이지요. 그리고 아이가 인형이나 꼭두각시를 가지고 놀면서 만들어 내는 움직임들은 대부분 줄을 이용한 것이고요. 그렇다면 우리가 찾아야 할 것 역시 그것과 똑같은 줄 아닐까요? 조금 닳긴 했지만 희극의 장면들을 하나로 꿰어주는 맥락으로 재등장한 그 줄 말입니다. 그럼 이제 어린아이의 놀이에서부터 시작해 봅시다. 그리고 그 아이가 성장하면서 자신의 꼭두각시 인형을 함께 성장시키고 거기에 생명을 불어넣어 마침내 인형이자 인간이기도 한 애매모호한 상태로까지 끌고 가는, 너무나 미세해 감지하기 어려운 과정을 따라가 보는 것입니다. 그렇게 하면 희극적 유형의 인물들을 얻게 될 것입니다. 그리고 그들을 통해 우리가 지금까지의 분석결과 예측하고 있는 법칙, 즉 광범위한 모든 희극적 상황을 일반적으로 규정해 줄 다음 법칙의 진위를 시험해 볼 수 있습니다. ― **살아있는 것 같은 착각을 일으키는 동시에 기계장치 같은 인상을 주는 행위와 사건의 배열은 모두 희극적이다.**

도깨비 상자

어린 시절 우리는 모두 상자에서 튀어나오는 인형을 가지고 논 적이 있습니다. 이 인형은 아무리 눌러도 매번 다시 튀어 오르지요. 밑으로 꾹 누르면 누를수록 더 높이 튀어 오르고요. 뚜껑을 덮으면서 누르면 상자째 날아가 버리기도 합니다. 얼마나 오래된 장난감인지는 알 수 없지만, 사람들은 시대를 막론하고 이런 유형의 재미를 즐겼던 것 같습니다. 이 장난감의 원리는 두 개의 완강한 요소가 서로 충돌하는 것으로 기계적인 요소가 자신을 장난감 취급하는 나머지 요소에 굴복합니다. 고양이가 쥐를 갖고 놀 때 스프링을 갖고 놀 듯 때때로 쥐를 놓아주었다가 발짓 한 번으로 다시 잡아오곤 하는 것도 바로 위와 같은 종류의 유희라고 볼 수 있습니다.

이제 연극으로 넘어가 보겠습니다. 손가락 인형쇼[46]부터 살펴볼까요. 한 경찰관이 무대에 등장하자마자 아주 자연스럽게 한 대 얻어맞고 쓰러집니다. 벌떡 일어섰다가 또 한 대 맞고는 뻗어버립니다. 이 상황은 계속 반복됩니다.

---

46   인형 안에 손가락을 넣어 조종하는 손가락 인형극으로 프랑스에서는 기뇰Guignol, 영국에서는 펀치 앤 주디Punchy and Judy라 부른다.

일정한 리듬으로 쪼그라들었다가 펴지는 용수철처럼 경찰관이 넘어졌다 일어서기를 반복하는 동안 관객들의 웃음소리는 점점 더 커져갑니다.

보다 정신적인 유형의 용수철, 즉 표현되었다가는 억제되고, 그랬다가 다시 표현되는 관념을 떠올려 봅시다. 말의 흐름이 갑자기 터져 나왔다가는 저지당하고, 또 다시 새롭게 시작되기를 반복합니다. 여기서 다시 한 번 우리는 어떤 고집스러운 힘이 그 못지않게 완강한 또 다른 힘에 대항하는 영상을 보게 되지요. 하지만 이 영상은 그 안에 내재되어 있던 물질성 부분을 버린 상태입니다. 따라서 우리가 보고 있는 것은 더 이상 손가락 인형이 아니라 진짜 희극이 되는 셈이지요.

많은 희극적 장면이 사실상 이 단순한 형태로 나타납니다. 예를 들어 〈강제 결혼[47]_{Marriage Force}〉 중 스가나렐과 팡크라스가 등장하는 장면에서 전체를 아우르는 희극적 힘은,

---

47   몰리에르의 1664년작 발레 희극. 53세의 스가나렐은 젊은 도리멘느와 결혼하려고 하고, 도리멘느는 집안의 속박에서 벗어나서 자유도 얻고 유산도 받을 생각에 스가나렐과 결혼하려고 한다.

상대 철학자가 자신에게 귀를 기울여 주기를 원하는 스가나렐의 생각과 말하는 자동기계 같은 철학자의 완고함 사이에 벌어지는 갈등에서 나옵니다. 극이 펼쳐질수록 도깨비 상자의 이미지가 점점 더 분명하게 드러나지요. 결국에는 인물들 자체가 그 도깨비 상자의 움직임을 채택하기에 이릅니다. 팡크라스가 나올 때마다 스가나렐은 그를 무대 구석으로 밀어내고, 팡크라스는 매번 그것을 물리치고 무대로 되돌아 나와 속사포처럼 말을 쏟아냅니다. 그러다 스가나렐이 마침내 팡크라스를 뒤로 밀어붙여 (상자라고 해도 좋을) 집 안에 가두면, 마치 상자 뚜껑이 갑자기 열리 듯이 창문이 휙 열리면서 팡크라스의 머리가 다시 등장합니다.

원 줄거리와 상관없는 이런 부차적인 장면은 〈상상병 환자[48]_{Malae Imaginaire}〉에도 등장합니다. 격분한 의사 퓌르공 씨는 사람의 몸이 걸릴 수 있는 온갖 질병을 위협적으로 늘어놓으며 아르강을 향해 진노를 쏟아냅니다. 퓌르공 씨의 입을 막으려는 듯 아르강이 자리에서 일어날 때마다 퓌르공 씨는 마치 무대 구석으로 밀쳐지기라도 한 듯 잠

---

48 몰리에르 1673년 희극. 82쪽 주석 34을 참고.

시 사라졌다가 용수철에 튕겨진 것처럼 무대에 재등장해 새로운 저주를 퍼부어 댑니다. 아르공의 "퓌르공 씨!"라는 외침이 규칙적인 박자에 맞춰 계속 반복되는데, 이는 말하자면 이 사소한 장면의 **템포**_{TEMPO}를 특징짓는 역할을 합니다.

눌렸다가 풀리고, 또 다시 눌리기를 반복하는 용수철의 이미지를 좀 더 면밀히 살펴보도록 하겠습니다. 그 중심 요소를 구분해 보면, 전형적인 희극에서 통상적으로 쓰이는 장치 중 하나인 **반복**_{REPETITION}이 불현듯 떠오를 것입니다.

무대 위에서 말을 반복할 때 희극적인 무엇인가가 생기는 이유는 무엇일까요? 희극성 이론 가운데 이 간단한 질문에 만족스러운 답을 주는 이론은 없는 것 같습니다. 우리에게 제시해 주는 내용과 상관없이 그저 말이나 구절에서 그럴듯한 설명을 찾으려는 답은 요원합니다. 여기에서처럼 통상적인 방법이 부적합한 분야는 어디에도 없을 것입니다. 그러나 나중에 다시 언급하게 될 몇몇 특별한 경우를 제외하면, 결코 말의 반복 자체가 우스운 것은 아닙니다. 그저 그 말의 반복이 정신적 요소들로 이루어진 어떤 특별한 놀이를 상징하는 동시에 또 그 놀이 자체가 총체적으로 물질적 오락의 상징이 될 경우에만 우리를 웃게 할 수 있지요. 고양이가 쥐를 갖고 노는 것이나, 어린아이가 도깨비 상자 안 도깨비를 몇 번이고 되풀이해서 상자 바닥까지 내리누르며 노는 것과 같지만, 감정과 생각의 영역으로 이전된, 보다 정제되고 정신적인 형태라고 볼 수 있습니다. 그렇다면 무대 위에서 말의 반복을 통해 변주되는 각종 희극적 효과들을 법칙으로 규정해 봅시다. ― **말의 희극적 반복에는 보통 두 가지 조건이 있다. 한 가지는 용수철처럼 튕겨져 나가는 억눌린 감정이고, 나머지 한 가지는 그 감정을 다시 억누르기를 즐기는 마음이다.**

도린이 오르공에게 그의 아내가 병에 걸렸다는 얘기를 하고 있을 때, 오르공은 계속해서 도린의 말을 끊으며 타르튀프[49]의 건강에 대해서 묻습니다. 매순간 반복되는 "그래서 타르튀프 씨는?"이라는 질문은 튀어 오르는 용수철 같은 느낌을 주지요. 그리고 도린은 반복해서 엘미르의 병 얘기를 꺼내면서 이 용수철을 다시 누르길 즐기는 것이고요. 또 스카팽[50]은 늙은 제롱트에게 그의 아들이 그 유명한 갤리선에 포로로 잡혀있으니 지체 없이 몸값을 지불해야 한다는 말을 해주면서, 도린이 오르공이 타르튀프에게 심취해 있는 것을 가지고 장난친 것과 마찬가지로 제롱트 노인의 탐욕스러움을 가지고 장난치고 있는 것입니다. 노인의 탐욕은 억압당하는 즉시 자동으로 다시 튀어 나오는데, "도대체 그 갤리선에는 뭐 얻을 게 있다고 간 거야?"라며 몸값으로 마련해야 할 돈을 아까워

49　1664년 베르사유 궁전에서 초연된 몰리에르의 <타르튀프>는 가장 유명한 프랑스 연극 중 하나로 평가된다. 주인공 타르튀프는 겉과 속이 다른 위선자의 전형을 보여주는 인물. 겉으로는 독실한 신앙인이지만 속으로는 탐욕스러운 위선자. 오르공은 그런 타르튀프에 속아 그에 의존하는 인물. 본래 다정하고 현명한 사람이었으나 타르튀프를 만난 후 비이성적으로 변했다. 엘미르는 오르공의 부인, 도린은 하녀이다.

50　몰리에르의 1671년 희극 <스카팽의 간계>의 주인공. 권위적인 제롱트에게는 두 아들 옥따브와 레앙드르가 있다. 제롱트가 집을 비운 사이 옥따브는 가난한 여인 이아상트와, 레앙드르는 집시여인 제르비네뜨와 사랑에 빠진다. 레앙드르의 하인 스카팽이 익살스럽고 기발한 속임수를 사용해서 이 연인들의 결혼에 필요한 자금을 조달한다.

하는 기계적인 문장 반복을 통해 몰리에르가 보여주고자 하는 것도 바로 이 자동기계입니다. 딸을 사랑하지도 않는 남자와 혼인시키려고 하는 아르파공[51]에게 발레르가 그것이 잘못된 일임을 지적하는 장면에서도 이와 동일한 비난을 엿볼 수 있습니다. 인색하기 그지없는 아르파공은 순간순간 "지참금이 없어도 되니까!"를 외치며 상대의 말을 가로막지요. 기계적으로 반복되는 이 외침에서 우리는 하나의 고정 관념을 바탕으로 작동하는 철저한 반복기계를 어렴풋이 떠올리게 됩니다.

간혹 이런 기계장치가 잘 감지되지 않을 때가 있습니다. 우리는 코믹 이론의 또 다른 어려움과 맞닥트리게 됩니다. 한 장면의 온 관심이 이중의 역할을 하는 특정 인물에 집중되는 경우가 있습니다. 이때의 상대역은 해당 인물의 이중인격을 더욱 심화시키는 프리즘 역할에 지나지 않지요. 그런데 만약 우리가 보고 듣는 것에서 그런 효과의 비법을 찾고자 한다면 인물들이 겉으로 보여주는 장면이 아닌 인물 내부의 코미디에서 찾는 것이 좋습니다. 그런 외적 장면은 단지 내부 코미디의 굴절에 불과하기 때

---

51   몰리에르 희극 <수전노>의 수인공. 39쪽 주석 12 참고.

문이지요. 예를 들어, 알세스트[52]가 오롱트에게 "그런 뜻이 아닙니다!"라는 말을 고집스럽게 반복하는 장면은, 분명히 바로 앞에서 우리가 묘사한 놀이를 두 사람이 하고 있지 않음에도 불구하고 웃음을 자아냅니다. 하지만 여기서 주의해야 할 것이 있습니다. 실제로는 알세스트 안에 두 사람이 있다는 사실입니다. 하나는 소신껏 자기 생각을 말하기로 맹세한 '인간 혐오자'이고, 다른 하나는 일상의 예의 형식을 순식간에 잊어버릴 수 없는 신사이지요. 자신의 말을 실행에 옮겨야 하는 순간 막상 다른 사람의 자존심에 상처를 입히거나 감정을 상하게 하고 싶지 않은 정직한 사람이라고도 할 수 있겠습니다. 따라서 진짜 장면은 알세스트와 오롱트 사이에 존재하는 것이 아니라 알세스트 내면에 존재하는 두 인물 유형 사이에 존재한다고 볼 수 있습니다. 한 알세스트는 기꺼이 진실을 폭로하고자 하고, 다른 알세스트는 모든 것을 말하려는 찰나

---

52 몰리에르의 1666년 희극 <인간 혐오자>의 등장인물로 몰리에르가 연기했다. <인간 혐오자>의 주요 무대는 이른 나이에 과부가 된 셀리멘의 살롱. 귀족이라는 신분과 스무 살의 미망인이라는 상황이 남자들을 부른다. 셀리멘을 두고 경합을 벌이는 귀족 가운데 알세스트에게 가장 큰 위협이 되는 인물은 오롱트. 알세스트는 사교계의 관습적인 예의범절에 동의하지 않고 주변 사람과 끊임없는 갈등에서 벗어나지 못하면서 사회적 고립으로 이어진다.

에 입을 다뭅니다. "그런 뜻이 아닙니다!"라고 말할 때마다 그가 점점 더 힘들게 뭔가 기를 쓰고 밖으로 튀어 나오려는 말을 억누르려고 애쓰는 것을 알 수 있지요. 따라서 그 문장을 말하는 어조는 점점 더 격해지고, 알세스트도 점점 화가 치밀어 오르게 됩니다. 하지만 그 격노의 대상은 오롱트가 아닙니다. 알세스트는 오롱트에게 화를 내고 있다고 생각하지만 실은 자기 자신에게 화가 나는 것이지요. 팽팽하게 눌린 용수철은 다시 눌리고 더욱 강화되기를 계속하다가 마침내 큰 소리를 내며 파열하고 맙니다. 반복이라는 동일한 기계장치가 여기에서도 나타나고 있습니다.

누군가가 "드러내 놓고 인류 전체에 맞서게" 된다 하더라도 자신의 생각과 다른 말은 결코 하지 않겠다고 결심한다고 해서 그것이 반드시 웃음을 유발하는 건 아닙니다. 그저 나름대로 최선을 다하는 삶의 한 모습일 뿐이지요. 또 누군가가 온화한 성품 때문이든, 이기심 때문이든, 아니면 상대를 무시해서든, 다른 사람들에게 듣기 좋은 칭찬만 하고 싶어 한다면, 그것 역시 또 다른 삶의 측면일 뿐입니다. 전혀 우스울 게 없지요. 심지어 이 두 사람의 인격을 하나로 결합시켜 공격적인 솔직함과 기만적인 공손함 사이에서 망설이게 만든다 하더라도, 이 두 상반되는 감정의 다툼 역시 그렇게 희극적으로 느껴지지 않습니다. 오히려 서로 완전히 구분되는 이 두 감정이 서로를 완전하게 만들어 주며 더욱 발현되어 복합적인 심리 상태를 형성한다면, 요컨대 삶이란 원래 복잡한 것이라는 인상을 주는 타협에 이른다면, 진지함의 정수처럼 보일 수도 있겠지요. 그러나 실제로 어떤 인물이 **완고하고** INELASTIC 한결같은 이 두 감정적 요소를 모두 갖고 있다고 가정해 봅시다. 그는 이 두 감정 사이를 계속 오락가락합니다. 이 감정적 동요가 완전히 기계적으로 번갈아 발현되면서, 일종의 습관적이고 단순하며 유치한 기계장치의 형태를 띠게 되는 것입니다. 그러면 지금까지 모든 우스꽝스러운 대상에서 찾을 수 있었던 이미지, 즉 **생명체 안에서 작동하는 기계장치**가 떠오를 것입니다. 사실상 웃음을 유발하는 것은 바로 이것이지요.

지금까지 우리는 도깨비상자라는 첫 번째 이미지를 고찰하면서 희극성이 어떻게 물질적 기계장치를 서서히 정신적 기계장치로 전환시키는지를 충분히 살펴보았습니다.

이제 한두 가지 다른 놀이를 더 검토해 보고 그것들이 가장 두드러지게 갖고 있는 측면들 몇 가지만 더 짚어보도록 하겠습니다.

꼭두각시 인형The Dancing-Jack.

희극에는 다음과 같은 장면이 셀 수 없이 많습니다. 즉 등장인물은 자신이 자유롭게 말하고 행동하며 따라서 모든 삶의 본질적 요소들을 누리고 있다고 생각하지만, 다른 관점에서 보면 그저 누군가의 손에 의해 조종되는 장난감에 불과한 그런 장면 말이지요. 꼭두각시 인형을 갖고 노는 어린아이와 제롱트와 아르강트를 조종하는 스카팽은 크게 다르지 않습니다. 스카팽의 혼잣말을 볼까요? "저 **기계** 제대로군." 이런 말도 합니다. "그들이 내 그물에 걸려든 건 신의 섭리지." 본능적으로 사람은 속기보다는 속이길 원하기 때문에, 어쨌든 관객들은 마음속으로 악당 편을 듭니다. 그리고 극이 계속 진행되는 동안 마치 친구가 갖고 놀던 꼭두각시 인형을 빌린 어린아이처럼 스스로 줄을 잡고 마음껏 인형을 무대 위에서 오고가게 만듭니다. 하지만 상황이 다 이렇게 되어가는 것은 아닙니다. 일단 무대 위의 상황이 기계적 방식을 따른다는 것만 분명히 인식하면, 우리는 무대 밖에 머물러 있을 수도 있습니다. 인물들 중 하나가 두 개의 상반된 의견들 사이에서 갈팡질팡하며 번갈아 어느 한쪽으로 마음을 빼앗길 때면 늘 벌어지는 일로, 파뉘르주가 피에르와 폴[53]에게 자신이 결혼해야 할지 묻는 장면이 바로 그렇습니다. 주목해야 할 것은, 이런 경우 희극 작가는 늘 심혈을 기울여 그 두 개의 상반된 결정을 **의인화**하려고 한다는 점입니다. 관객이 없어도 어쨌든 줄을 잡을 배우들은 있어야 하기 때문입니다.

삶의 진지함은 자유에서 나옵니다. 우리가 지금까지 키워 온 감정과 골몰했던 열정, 심사숙고 끝에 결정하고 실행으로 옮긴 행동들, 즉 우리 자신에게서 나와서 우리의 것이 된 모든 것, 이것들로 인해 삶은 때로 극적이면서 심각한 면을 띠게 됩니다. 그렇다면 이 모든 것을 희극으로 바꾸어 놓는 데 필요한 것은 무엇일까요? 그것은 바로 그럴

---

53 르네상스 시대 프랑스의 인문주의 작가 프랑스아 라블레(François Ra-
belais 1483~1553)가 쓴 <제3의 서>에는 결혼에 대한 탐구와 충고 이야기
가 있다. 이 책의 주인공 팡타그뤼엘의 심복이자 친구인 파뉘르주는 피에
르와 폴에게 결혼을 해야 하는지에 대해 묻는다. 라블레는 <제3의 서> 외
에도 <팡타그뤼엘>, <가르강튀아>, <제4의 서> 등의 책을 썼다.

싸해 보이는 자유 이면에 꼭두각시 인형의 줄이 감춰져 있다고 상상하는 것, 그리고 어느 시인이 말한 것처럼 우리가 다음과 같은 존재라고 상상하는 것이면 충분합니다. — 운명의 손에 줄을 맡긴 보잘것없는 꼭두각시들[54].

따라서 상상으로 이 이미지를 끌어내기만 하면, 그 장면이 아무리 현실적이고 진지하며 비극적인 장면일지라도 희극적이 될 수 있습니다. 이건 무한대의 벌판에서 노는 놀이이지요.

눈덩이snow-ball.

이 연구를 계속하면서 코미디 기법에 대해 깊이 파고들수록 어린 시절의 기억이 어떤 역할을 하는지 더욱 분명하게 눈에 보입니다. 이 기억들은 아마도 어떤 특정한 놀이보다는 그 놀이에 적용된 기계 장치와 관련이 있는 것 같습니다. 게다가 이와 동일한 일반적인 장치가 아주 색다른 놀이에서 발견되기도 합니다. 하나의 가극이 수많은 형태로 변주되고 편곡되는 것처럼 말이지요. 여기서 중요

---

54   1901년 노벨문학상을 최초로 수상한 프뤼돔(Sully Prudhomme 1839~1907)의 시구.

한 것, 즉 우리의 정신에 계속 남아있으면서 무의식적인 단계를 거쳐 어린아이의 놀이에서 어른의 놀이로 전해지는 것은 정신적 도표mental diagram, 즉 결합의 뼈대skeleton outline 입니다. 다르게 말하자면 놀이란 이 추상적인 공식이 구체적으로 드러난 실례라고 말할 수도 있을 것입니다. 일례로, 굴러가면서 점점 크기가 커지는 눈덩이가 있다고 생각해 봅시다. 줄지어 서 있는 장난감 병정을 떠올려보아도 좋습니다. 맨 앞의 병정을 밀면 그 뒤에 서 있는 병정 쪽으로 쓰러질 것이고, 이 두 번째 병정은 또 그다음 병정을 쓰러트리겠지요. 이런 식으로 상황은 더욱 악화되다가 결국에는 전부 바닥에 나뒹굴게 될 것입니다. 아니면 심혈을 기울여 카드를 한 장 한 장 쌓아올려 만든 집이 있다고 상상해 봅시다. 맨 처음 건드린 카드가 쓰러질까 말까 고민하는 동안 흔들거리던 바로 옆 카드가 더 빨리 결정을 내리고 쓰러져 버립니다. 카드 집은 무너지기 시작하고, 그 속도가 점점 더 빨라지면서 결국 완전히 붕괴되고 맙니다.

위에서 예로 든 상황들은 모두 다르지만 동일한 추상적 영상을 제시하고 있습니다. 처음에는 사소해 보였던 원인이 연쇄적인 효과로 인해 필연적인 전개를 거쳐 결국 예상치 못한 중요한 결과를 낳는 그런 영상이지요. 그럼 이제 아동용 그림책을 펼쳐 보겠습니다. 이런 방식이 이미 희극적인 장치로 쓰이고 있음을 발견하게 될 것입니다. 코믹 소책자 속 한 장면을 예로 들어 보겠습니다. 한 방문객이 갑자기 응접실로 뛰어 들어옵니다. 그러다 한 부인과 부딪치고, 그녀는 어떤 노신사에게 찻잔을 엎지릅니다. 신사는 넘어지면서 유리창에 부딪치고, 떨어져 나간 유리창은 길을 걷던 한 순경의 머리 위를 덮칩니다. 그러자 전 경찰병력이 들썩이게 되고, 뒤이어 또 다른 사건 사고들이 이어지지요. 이런 방식은 성인들을 위한 만화에서도 많이 등장합니다. 만화가들이 그린 〈말없는 이야기 Stories without Words〉를 보면, 이리저리 옮겨 다니는 물건과 그것에 밀접하게 연관된 사람들이 자주 등장합니다. 일련의 장면들을 거치면서 물건의 위치가 달라지는데, 이에 따라 기계적으로 사람들의 상황 또한 점점 더 심각하게 변합니다. 이제 희극으로 넘어가보겠습니다. 우스꽝스러운 수많은 장면과 희극들 역시 이 단순한 방식에 적용 가능합니다. 〈소송광[55] Les Plaideurs〉에서 시카노가 말하는 장면을 봅시다. 소송 도중에 또 다른 소송들이 이어지고, 이런 기계 장치는 점점 더 빠르게 진행됩니다.

라신[56] Jean Racine 은 법률 용어들을 숨 쉴 틈 없이 늘어놓음으로써 점점 더 빨라지는 느낌을 우리에게 주고 있습니다. 결국 건초 더미를 놓고 벌어진 소송으로 원고는 재산의 상당 부분을 잃게 되지요. 이와 동일한 방식을 〈돈키호테[57]〉에서도 볼 수 있습니다. 여인숙 장면을 예로 들자면, 노새 몰이꾼이 산초를 들이받고, 산초는 마리토르네스를 공격하며, 그 위로 여인숙 주인이 엎어지는 등 상황들이 기이하게 연속적으로 일어나지요. 마지막으로 오늘날의 가벼운 희극을 살펴보겠습니다. 이 같은 조합이 등장하는

---

55   프랑스 극작가 라신의 1668년작 희극. 나이들어 은퇴해야만 하는 재판관 당댕은 계속 재판을 하겠다는 신조로 자기 집에 법정을 만들어 하인들과 애완동물을 기소한다. 시카노는 소송에 빠진 인물. 재판이라는 권력놀이에 재미들린 '재판광' 이야기를 담은 아리스토파네스의 <말벌>에서 영감을 받았다.

56   Jean Baptiste Racine 1639~1699. 프랑스 극작가. 라신은 프랑스를 대표하는 비극작가였다. 유일한 희극이 <소송광>.

57   미겔 데 세르반테스의 소설 <라만차의 돈키호테>(1605). 세계 최초의 근대 소설로 평가된다.

유형들을 모두 상기할 필요는 없을 것 같고, 보다 자주 채용되는 형태 한 가지만 들여다보지요. 예를 들어 누군가에게 어떤 물건이 엄청나게 중요하다고 해 보지요. 편지 같은 것일 수도 있겠군요. 그래서 무슨 수를 써서라도 되찾아야만 하는 상황입니다. 이 물건은 손에 넣었다 싶으면 늘 자취를 감춰 버립니다. 그리고 극 전체에 골고루 영향을 미치며 점점 예상치 못한 심각한 사건들을 불러일으키지요. 이 모든 것은 보기보다 훨씬 더 아이들의 놀이와 닮아 있습니다. 거듭 말하자면, 점점 커지는 눈덩이 같은 효과를 만들어 내는 것입니다.

기계적 결합의 특징은 대개 '원상태로 되돌릴 수 있다'는 점입니다. 나인핀스[58] Ninepins 경기에서 굴러온 공에 핀이 전부 쓰러져 사방으로 나뒹구는 장면에 아이는 즐거워합니다. 그런데 만일 공이 이쪽저쪽으로 굴러다니며 갈팡질팡하다 출발지점으로 되돌아온다면 더욱 크게 웃을 것입니다. 즉, 방금 말한 이 기계장치는 직선으로 작용할 때에도 웃음을 자아내지만 원형으로 둥글게 순환할 때, 즉 인

---

58 아홉 개의 핀(pin)을 세워 놓고 공을 굴려 쓰러뜨리는 경기. 볼링 경기의 전신으로 11세기 무렵 독일의 교회에서 시작되었다고 한다.

과관계라는 결정적인 상호작용에 의해 인물이 어떤 노력을 하든 늘 같은 지점으로 되돌아올 때 더욱 우스꽝스럽게 느껴지게 됩니다. 상당수의 가벼운 희극들이 이 발상에서 크게 벗어나지 않는 방식을 취하고 있지요. 일례로 라비슈의 희극의 한 장면을 볼까요? 이탈리아산 밀짚모자를 말이 먹어버렸습니다[59]. 똑같은 모자는 이제 파리 전체에 딱 하나 남아있고, 그 값이 얼마든 꼭 손에 넣어야 하는 상황입니다. 모자는 찾았다 싶으면 어김없이 사라져버리고, 주인공은 모자를 찾아 계속 뛰어다닙니다. 그리고 주변의 다른 사람들은 마치 일련의 끌어당기는 힘으로 인해 서로서로 엉겨 붙은 쇠 줄밥을 달고 다니는 자석처럼, 전부 주인공의 코트 자락을 꽉 붙든 채 그 뒤를 쫓아다니지요. 그리고 수많은 우여곡절 끝에 마침내 목표를 달성했다고 생각한 순간, 그토록 간절히 찾아 헤매던 모자가 말이 먹어치운 바로 그 모자라는 사실을 알게 됩니

---

59   프랑스 극작가 외젠 라비슈의 작품 <이탈리아 밀짚모자>에 나오는 이야기. 이 작품은 1851년 초연된 이후로 지금까지도 꾸준히 공연되는 희극으로, 이른 아침 말을 타고 결혼식장으로 향하던 한 남자의 말이 나무에 걸린 밀짚모자를 먹어버린다. 모자를 찾기 위해 쫓아온 두 남녀가 그를 다그친다. 모자를 찾아내야만 결혼할 수 있다는 설정이 생기고, 모자를 찾기 위해서라면 어떤 짓도 마다않으면서 갖가지 일이 벌어진다.

다. 이런 식의 전개는 라비슈의 또 다른 유명 희극작품[60] 에서도 볼 수 있습니다. 막이 열리면 한 노총각과 노처녀 가 등장합니다. 두 사람은 오랫동안 알고 지낸 사이로, 여 느 때처럼 세 판 짜리 카드놀이를 하려는 참입니다. 사실, 둘은 서로 모르게 같은 결혼상담소에 상담을 신청한 상 태인데, 극이 진행되는 내내 잇따라 일어나는 사소한 사 건들과 우여곡절을 겪다가 결국은 상담소의 면담 자리에 서 서로 딱 마주치게 되지요. 보다 최근에 발표된 작품[61] 에서도 이렇게 출발점으로 돌아오는 순환 효과를 볼 수 있습니다. 이 작품에는 아내와 장모의 마수로부터 벗어나 기 위해 이혼을 꿈꾸는 한 공처가 남편이 등장하는데, 그 는 결국 이혼하고 다시 재혼하는 데 성공합니다. 그런데 이게 웬일입니까! 반복된 결혼과 이혼 끝에 결국 그는 전 보다 더 악독해진 전처를 새 장모로 만나게 됩니다.

이런 유형의 희극성이 얼마나 강렬하고 흔한지를 생각해 보면, 왜 일부 철학자들이 여기에 매료되었는지 이해할 수

---

60   외젠 라비슈의 1864년 희극 <판돈 상자>.
61   프랑스 극작가 비송(Alexandre Bisson 1848~1912)과 마르스(Ant-ony Mars 1861~1915)가 함께 쓴 희극인 <이혼의 놀라움>(1889).

있을 것입니다. 한참을 걸었는데 자신도 모르게 어느새 출발점에 와 있다는 것은, 엄청난 노력을 쏟아 부었지만 결과는 아무것도 남지 않은 것과 같습니다. 그래서 희극성을 이런 방식으로 규정하고 싶은 마음이 들기도 하지요. 실제로 허버트 스펜서[62]의 생각도 그랬던 것 같습니다. 그의 말에 따르면, 웃음은 노력이 급작스럽게 무산되어 버렸을 때 나오는 표현이라고 합니다. 칸트[63]도 비슷한 이야기를 한 적이 있습니다. "웃음은 예상이 순식간에 빗나가 버렸을 때 터져 나온다." 바로 앞의 예들이라면 이런 정의를 충분히 적용할 수 있지만, 이 공식에는 몇 가지 조건이 더 필요합니다. 왜냐하면 우리는 종종 결코 웃음을 유발하지 않는 비효과적인 노력을 쏟아부을 때도 있기 때문이지요. 바로 앞서 인용된 예들은 대단한 의도가 있었지만 시원치 않은 결과를 낳은 예라기보다는 정반대로 사소한 의도에서 시작되었으나 엄청난 효과를 낳았다고 정의할 만한 것들입니다. 실제 어느 쪽의 정의가 더 유효하다고 보기는 힘듭니다. 원인과 결과간의 불균형은 그 불균형이

---

62   Herbert Spencer 1820~1903. 영국의 사회학자, 철학자이자 사회진화론자이다.

63   Immanuel Kant 1724~1804. 계몽주의를 대표하는 독일의 대철학자.

어느 쪽에서 나타나든 웃음의 직접적인 원천이 결코 아닙니다. 우리가 웃는 대상은, 이런 불균형을 통해 경우에 따라 일련의 인과관계의 배후에서 유리처럼 선명하게 드러나는 어떤 것, 즉 말 그대로 특정한 기계적 배열Mechanical Arrangement인 것이지요. 이 배열을 도외시 한다면 희극성이라는 미로에서 길을 잃지 않도록 우리를 안내해 줄 유일한 단서를 놓치는 셈이 될 것입니다. 이 외에 어떤 다른 가설을 선택할 수도 있겠지만, 이는 주의 깊게 고른 몇몇 사례에는 적용이 가능할지 몰라도 부적절한 예를 만나면 언제든 곧바로 뒤집힐 가능성이 높습니다.

그런데 우리는 도대체 왜 이런 기계적 배열에 웃는 것일까요? 한 개인이나 집단의 역사가 때로는 줄이나 기어 장치, 또는 용수철로 작동하는 놀이처럼 보일 수도 있다는 것은 분명 이상한 일입니다. 하지만 이 이상함이라는 기이한 특징은 과연 어디에서 생겨나는 것일까요? 이를 우스꽝스럽게 만드는 것은 무엇일까요? 이미 다양한 형태로 제기된 바 있는 이 질문에 대한 답은 늘 같습니다. 인간사라는 끊임없는 연속성 안에서 종종 낯선 이물질로 감지되는 이 융통성 없는 기계장치는 삶에 대한 일종의

얼빠짐으로서 우리와 독특한 이해관계를 맺고 있습니다. 삶에서 일어나는 모든 일이 나름의 방향을 끊임없이 유념한다면 우연이나 위기, 연속되는 순환은 존재하지 않겠지요. 그리고 모든 것이 계속 진화하고 발전해 나갈 테고요. 또한 모든 인간이 늘 삶에 주의를 기울이고 자신은 물론 타인과 끊임없이 접촉한다면, 줄이나 용수철의 작동으로 인해 일어나는 것처럼 보이는 움직임을 우리의 내면에서 찾을 수도 없을 것입니다. 희극성은 사람이 사물과 닮아 있음을 드러내 주는 인간의 한 측면입니다. 그리고 그 특유의 비유연성을 통해 순수한 기계장치인 자동기계, 즉 생명력 없는 움직임을 전달하는 인간사의 한 양상이기도 하지요. 그리하여 즉각적인 교정이 필요한 개인적, 집단적 결함을 표현하는 것입니다. 이를 교정해 주는 것이 바로 웃음이고요. 웃음은 사람들이나 사건에서 볼수 있는 특정한 얼빠짐 상태를 잡아내어 진압하는 하나의 사회적 제스처라고 할 수 있습니다.

하지만 이런 점 때문에 결국 우리는 웃음에 대해 더 깊이 연구하고 싶어집니다. 지금까지 우리는 어린아이일 때 재미를 주었던 기계적 조합을 성인의 오락 안에서 다시 찾는 일에 시간을 할애했습니다. 사실 우리의 연구 방법은 전적으로 경험에 기반을 둔 것이었습니다. 이제부터는 자세하고 체계적인 이론의 틀을 잡아볼까요? 이를테면 희극 무대에서 사용되는 여러 가지 일시적인 수법에 대해 그 원천으로 거슬러 올라가 항구적이고 단순한 전형을 찾아내는 것입니다. 말했듯이 희극은 삶의 외형에 기계장치를 도입하기 위해 사건들을 결합합니다. 이제 어떤 본질적 특성 때문에 외부에서 보았을 때 삶이 단순한 기계장치와 다른지 확인해 보도록 합시다. 그런 다음에는 정반대되는 특성으로 넘어가 추상적인 공식을 찾아보겠습니다. 실재하며 또 가능한 모든 희극 수법에 적용할 수 있는 일반적이고도 완전한 공식 말이지요.

생명은 시간적으로는 진화로, 공간적으로는 복잡성으로 우리 앞에 나타납니다. 시간이라는 측면에서 보자면 생명은 끊임없이 진화하며 점점 늙어가는 존재입니다. 절대 되돌아가지 않고, 결코 반복하지도 않지요. 공간의 측면에서 보면 생명은 공존하고 있는 요소들을 보여주는 존재입니다. 그 요소들은 서로 밀접하게 의존하고 또 서로를 위해 특별히 만들어져 있기 때문에, 어느 요소도 동시에 두 개의 다른 생명체에 속할 수 없습니다. 각 생명체는 현상들로 이루어진 폐쇄된 시스템으로서 다른 시스템과 영향을 주고받을 수 없지요. 계속해서 변하는 모습과 절대적인 순서를 따르는 현상들, 그리고 완전한 자립을 이룬 완벽한 개체, 이러한 것들이 바로 생명체와 단순 기계를 구분지어 주는 외적인 특징들입니다. 실제로 그러한지, 겉으로만 그렇게 보이는지의 여부는 중요하지 않습니다. 이 특징들 각각에 대한 대응물을 찾아보면 세 가지의 작용을 얻게 되는데, 그것은 바로 **반복**Repetition, **반전**Inversion, 그리고 **연속물의 상호 간섭**Reciprocal Interference of Series 입니다. 이제, 이것들이 가벼운 희극에서 쓰이는 수법들이며 다른 것은 가능하지 않음을 쉽게 알 수 있습니다.

사실 방금 전 고찰했던 모든 장면의 구성요소들 가운데 이것들이 각기 다른 중요성을 띤 채 섞여있는 것을 발견할 수 있습니다. 아이들의 놀이 안에서는 더욱 찾기 쉽지요. 바로 이 작용들을 토대로 재생산된 기계장치이니까요. 하지만 이에 필요한 분석을 하기에는 시간이 너무 많이 소요되므로, 새로운 예시 속에서 그것들을 순수한 상태 그대로 연구하는 편이 나을 것 같습니다. 고전 희극에서나 현대극에서나 순수한 상태 그대로를 찾아볼 수 있으니, 가장 쉬운 방법이기도 하고요.

(1) 반복

여기서 다루고자 하는 것은 앞에서처럼 한 개인에 의해 반복되는 말이나 문장이라기보다는 여러 정황들이 결합된 상황입니다. 원래의 형태로 여러 번 되풀이해 발생함으로써 변화하는 삶의 흐름과 대조를 이루는 것이지요. 아주 기본적인 형태이긴 하지만 일상에서도 이런 형태의 희극성을 접할 수 있습니다. 예를 들어 어느 날 여러분이 길을 걷다 오랫동안 보지 못했던 친구를 만났다고 가정하지요. 이 상황에는 전혀 희극적인 요소가 없습니다. 하지만 같은 날 그 친구를 또 다시 마주친다면, 그리고 그런 상황이 세 번, 네 번 반복된다면 여러분은 그 '우연의 일치'에 웃음이 터질 것입니다. 이제 삶의 모습을 그럴듯하게 담고 있는 일련의 사건들을 상상해 봅시다. 그리고 이 일련의 사건들이 진행되는 가운데 동일한 인물, 또는 다른 인물에 의해 하나의 동일한 상황이 되풀이해 일어난다고 가정해 보세요. 아주 놀라운 경우이지만, 역시나 우연의 일치입니다.

이렇게 반복되는 우연의 일치는 무대에서 연출될 때 그 반복되는 장면이 복잡할수록, 그리고 자연스럽게 연출될수록 더 큰 웃음을 자아냅니다. 서로 양립하기 힘들어 보이는 조건이지요. 따라서 이 두 조건을 조화롭게 풀어내는 극작가의 기발한 솜씨가 필요합니다.

현대의 가벼운 희극에서 이 기법은 다양한 모습과 형태로 활용됩니다. 잘 알려진 기법 중 하나는 한 무리의 인물들을 막에서 막으로 매우 다양한 상황 속에 밀어넣어 완전히 새로운 장면에 처하게 하면서도 거의 대칭적으로 동일한 일련의 사건을 겪게 하는 것이지요.

몰리에르의 희극들 중에도 처음부터 끝까지 하나의 동일한 사건 배치가 반복되는 것을 찾아볼 수 있습니다. 일례로 〈아내들의 학교[64] L'Ecole des femmes〉는 그저 하나의 사건이 세 번에 걸쳐 재생산되고 반복됩니다. 처음에는 오라스가

---

[64] 1662년 초연된 몰리에르의 희극. 주인공 아르놀프는 아녜스를 세상의 모든 악으로부터 격리시킨 채 성장하게 하여 자신이 생각하는 이상적인 아내로 만들려고 한다. 아녜스는 청년 오라스에 대한 순수한 사랑을 통해 아르놀프가 강제한 모든 교육이 부당함을 깨닫는다. <아내들의 학교>는 몰리에르 작품 중에서 가장 많은 관객을 동원한 성공작으로 알려졌다.

아녜스의 후견인을 속일 계획을 아르놀프에게 얘기합니다. 나중에 알고 보니 그 후견인은 바로 아르놀프였지요. 두 번째에는 아르놀프가 자신이 이겼다고 생각합니다. 세 번째에는 아르놀프의 예방책이 오라스에게 유리하도록 아녜스가 용케 일을 꾸밉니다. 〈남편들의 학교[65]L'Ecole des maris〉나 〈덤벙쟁이[66]L'Etourdi〉에도 이와 동일한 대칭적 반복이 등장하지요. 무엇보다도 〈조르주 당댕[67]George Dandin〉에서는 위의 세 사건이 동일하게 반복 배치됩니다. 처음에는 아내가 부정을 저지르고 있다는 것을 조르주 당댕이 알게 되고, 두 번째로는 장인과 장모에게 도움을 청하지요. 그러다 결국 당댕 자신이 용서를 빌어야 하는 처지가 되고 맙니다.

때로는 전혀 상관없는 집단들에서 동일한 장면이 연출되기도 합니다. 이 경우 첫 번째 집단은 주인, 두 번째 집단은 하인들로 이루어지는 경우가 드물지 않지요. 이 두 번째 집단은 첫 번째 집단이 이미 선보인 장면을 다른 어조

---

65   1661년에 초연된 몰리에르의 희극.
66   1655년에 초연된 몰리에르의 희극.
67   1668년에 초연된 몰리에르의 발레 희극.

로 연출합니다. 교양이나 품위에서 차이가 나게 하는 것이지요. 〈사랑의 원한[68]$_{\text{Le Depit amoureux}}$〉에서도 이 수법을 바탕으로 한 장면이 나옵니다. 〈앙피트리옹[69]$_{\text{Amphitryon}}$〉에서도 마찬가지지요. 베네딕스[70]의 재미있는 짧은 희극 〈고집$_{\text{Der Eigensinn}}$〉에서는 순서가 뒤바뀝니다. 이 작품에서는 하인들이 먼저 선보인 고집을 주인들이 나중에 재연출하지요.

하지만 대칭적 상황의 배열에 고정적인 역할을 한 인물들이 어떤 유형이든, 고전 희극과 오늘날의 희극 사이에는 큰 격차가 있는 듯합니다. 둘 다 극중 벌어지는 사건들에 어떤 수학적 질서를 도입하려는 동시에 그 안에 실제 일어날 법한 삶의 측면을 잃지 않으려 하는 것은 같지만, 이용하는 방식은 매우 다르지요. 오늘날 대다수의 가벼운 희극 작품들은 관객의 마음을 직접 사로잡고자 합니다. 극에서 아무리 엉뚱한 우연의 일치를 연출한다 하더라도 그것은 받아들여지게 되어 있고, 또 받아들여졌다는 바

---

68   몰리에르의 초기 희극(1656).

69   몰리에르의 희극(1668). 245쪽 주석 115를 참고.

70   Julius Roderich Benedix 1811~1873. 독일의 극작가

로 그 사실로 인해 정말로 받아들여질 만한 것이 되지요. 관객은 서서히 그것을 받아들일 준비를 갖추게 되고, 결국 받아들이게 됩니다. 이는 현대의 작가들이 종종 택하는 방법입니다. 반면 몰리에르의 희극에서 반복을 자연스럽게 만드는 것은 관객이 아니라 등장인물들의 기분입니다. 각 인물은 어떤 특정한 방향으로 흘러가도록 정해진 어떤 힘을 대변합니다. 특정한 방향으로 계속해서 나아가는 이 힘들은 필연적으로 같은 방식으로 함께 결합하도록 되어 있기 때문에 동일한 상황이 계속 되풀이되는 것입니다. 그러므로 다시 말하자면 상황희극은 성격희극과 크게 다르지 않습니다. 만일 원인에 도입된 것 이상의 것을 결과로 얻고자 하지 않는 것이 고전작품이라 한다면, 상황희극 역시 고전이라 불릴 만한 자격이 있다고 볼 수 있겠습니다.

(2) 반전

이 두 번째 기법은 첫 번째 기법과 매우 유사합니다. 따라서 실제 적용된 예를 내세우기보다는 정의를 명확하게 내려 보도록 하겠습니다. 우선 어떤 특정한 상황에 처한 인물들이 있다고 치지요. 그들이 처한 상황을 반전시키고 역할을 뒤집으면 희극적인 장면이 도출됩니다. 〈페리숑 씨의 여행[71] Le Voyage de M. Perrichon〉에 나오는 이중의 구조 장면이 바로 이 경우에 속합니다. 하지만 바로 그 두 장면이 모두 우리 앞에 상연될 필요는 없겠지요. 한 장면을 우리가 기억하고 있다면, 작가는 나머지 한 장면만 펼쳐 보이면 됩니다. 그러므로 우리는 법정에서 판사를 훈계하는 죄인을 보고 웃고, 부모를 가르치려는 아기를 보고 웃는 것이지요. 다시 말해 '본말이 전도'된 상황에서 벌어지는 모든 것이 웃음을 불러일으키는 것입니다. 희극에서는 자신이 친 덫에 자신이 제일 먼저 걸려드는 등장인물이 드물지 않게 나옵니다. 자신이 저지른 악행의 희생양이 되는 악당, 자신이 친 사기에 당하는 사기꾼으로 이루어진 구성은 상당히 많은 희극 작품에서 흔히 쓰이는 요소입니다. 심지어 아주 초기 형태의 익살극에서도 찾아볼 수 있을 정도이지요. 변호사 파틀랭[72]은 자신을 찾아온 고객에게 재판관을 속일 수 있는 묘책을 말해 줍니다. 그런데 이 고객은 그 묘책을 써서 파틀랭에게 지불할 변호사 비

---

71   외젠 라비슈의 희극(1866). 93쪽 주석 43을 참고.

72   프랑스 중세 소극의 대표작인 <파틀랭 선생의 소극>(작자미상, 1470년경)에 등장하는 변호사. 이 작품은 욕심 많고 잔꾀 부리는 변호사 파틀랭의 속고 속이는 일화를 그렸다.

를 내지 않으려 하지요. 또 어떤 드센 부인은 남편에게 모든 집안일을 떠넘기면서 해야 할 일들을 하나하나 '목록'에 적어 넣습니다. 하지만 그녀가 커다란 구리 솥에 빠지자, 남편은 그녀를 꺼내주기를 거부합니다. 자신이 해야 할 일 목록에 적혀있지 않다는 이유로 말이지요. 근대 문학에서 우리는 수백 가지 유형으로 변형된 '도둑질 당하는 도둑'의 주제를 만납니다. 하지만 그 근간을 이루는 아이디어에는 역할의 전도와 처음 계략을 만들어 낸 인물을 당황하게 만드는 상황이 언제나 공통적으로 포함되어 있지요.

여기서 우리는 앞서 몇몇 예시에서 주목한 바 있는 한 가지 분명한 법칙을 발견할 수 있습니다. 어떤 코믹한 장면이 여러 번 반복되면 하나의 고전 유형이 된다는 것입니다. 그것은, 그것을 재미있게 만들어주는 요인과 관계없이 그 자체만으로도 웃음을 유발하게 됩니다. 그때부터 이론상으로는 코믹하지 않은 새로운 장면들이라 하더라도 이 유형과 유사한 부분이 있으면 사실상 코믹하게 느껴질 수 있습니다. 이런 경우 그 장면들은 우리가 희극적이라고 알고 있는 다소 모호한 희극적 이미지를 우리 머릿속에 상기시켜 주는 것입니다. 그리고 희극적이라고 공인된 유형의 카테고리 안에 스스로 자리를 잡습니다. '도둑질 당하는 도둑' 장면이 바로 이 유형에 속하지요. 이 유형은 자신이 갖고 있는 희극적 요소를 다른 수많은 장면에 드리웁니다. 결국 스스로 자초하는 사소한 불행들을 종류 불문하고 우스꽝스럽게 바꾸어놓지요. 아니, 이런 불행을 암시하기만 해도, 또는 이를 떠올리게 하는 말 한마디만으로도 충분합니다. "꼴좋다, 조르주 당댕."이라는 말은, 그 안에 희극적 반향을 내포하고 있지 않다면 결코 우습지 않을 것입니다.

(3) 상호 간섭

지금까지 반복과 반전에 대해 충분히 살펴보았습니다. 이제 상호간섭Reciprocal Intereference 에 대해 알아보겠습니다. (여기서 '간섭'은 광학에서 말하는 것과 같은 의미로, 일련의 두 광파가 서로 부딪쳐 부분적으로 중첩되거나 상쇄되는 현상을 가리킵니다.) 이는 무대 위에서 대단히 다양한 형태로 나타나기 때문에 간단한 공식으로 풀어내기가 매우 어려운 희극적 효과입니다. 아마도 다음과 같이 규정할 수 있을 것 같습니다. ── **완전히 독립적으로 벌어지는 일**

련의 두 사건에 동시에 속하면서 그와 동시에 완전히 다른 두 의미로 해석이 가능할 때, 그 상황은 예외 없이 희극적이다.

여러분은 아마도 애매모호한 상황이 떠오를 것입니다. 그리고 실제로 애매모호한 상황은 서로 다른 두 가지의 의미로 동시에 해석이 가능하지요. 배우들이 제시하는 그저 그럴듯해 보이는 의미가 그 한 가지이고, 나머지 한 가지는 진짜 의미로서 관객들이 부여하는 것입니다. 우리는 어떤 상황이 내포하고 있는 진짜 의미를 압니다. 그 상황이 갖고 있는 모든 측면이 세심하게 우리에게 제시되기 때문이지요. 하지만 배우들 각각은 이 측면들 중 한 가지만을 알 뿐입니다. 따라서 그들은 자신의 주변 상황과 자신이 하고 있는 일만 생각해서 실수를 저지르고 잘못된 판단을 내리지요. 우리는 이 잘못된 판단을 통해 옳은 판단으로 나아갑니다. 그 장면에서 유추되는 그럴 법한 의미와 실제 의미 사이에서 갈등하지요. 두 개의 상반되는 해석 가운데에서 이루어지는 이 정신적 동요야말로 바로 우리가 애매모호한 상황에서 얻는 즐거움 가운데 가장 먼저 확실하게 느끼는 즐거움이라고 할 수 있습니다. 당연한 일이겠지만, 어떤 철학자들은 이 정신적 불안에 특히 깊은 인상을 받았습니다. 그들 중 일부는 우스꽝스러움의 본질이 서로 모순되는 두 판단이 충돌하거나 만나는 것으로 구성된다고 보았지요. 하지만 이들이 내린 정의는 모든 경우에 부합하지도 않거니와, 설사 부합한다 하더라도 우스꽝스러움의 법칙이 아닌 다소 거리가 먼 결과들 중 하나에 그칩니다. 사실상 무대에서 연출되는 오해는 훨씬 보편적인 현상, 즉 독립적인 상황들의 상호 간섭 현상의 구체적인 예에 지나지 않으며, 게다가 그 자체로는 웃음을 유발하지 못하고 오로지 그런 간섭의 표시가 나타날 때에만 희극적이 됩니다.

실제로 무대 위에서 오해 상황을 연기하는 배우들은 각자 적절한 일련의 사건에 맞게 자신을 설정합니다. 자신과 관련 있는 사건을 정확하게 해석하고, 그 해석에 따른 기본방침에 맞춰 말과 행동을 조절하지요. 여러 등장인물에 특별히 맞춰진 일련의 사건들은 각기 독립적으로 전개됩니다. 하지만 어느 순간 그 사건에 속한 말과 행동이 다른 사건에도 적용될 수 있는 상황에 놓이게 되면서, 오해가 발생하고 상황의 애매모호한 본질이 드러나게 되는 것이지요. 그렇다 하더라도 이 애매모호함 자체로는 웃음을 유발하지 못합니다. 서로 무관한 두 사건이 우연히 일치한다는 것이 드러날 때에만 웃음을 유발하게 되는 겁니다. 희극 작가들이 독립성과 우연의 일치라는 두 요소로 끊임없이 우리의 관심을 돌리기 위해 심혈을 기울인다는 점에서 그 증거를 찾을 수 있습니다. 일반적으로 그들은 서로 일치하는 두 일련의 사건들이 맺는 협력관계를 없애려는 헛된 위협을 거듭 가함으로써 이를 성공시킵니다. 매 순간 모든 것이 와해될 것 같다가 가까스로 수습되는 상황이 되지요. 웃음을 불러일으키는 것은 바로 이런 전환입니다. 두 개의 모순되는 생각 사이에서 벌어지는 마음의 동요보다 훨씬 효과가 크지요. 이것이 우리를 웃게 만들 수 있는 이유는 희극 효과의 진짜 원천, 즉 서로 무관한 두 일련의 사건이 서로 간섭하는 관계에 있음을 우리에게 드러내 주기 때문입니다.

따라서 무대에서 연출되는 오해는 하나의 특정한 예에 지나지 않습니다. 그것은 아마도 연속된 사건들의 상호간섭을 보여주기 위한 가장 인위적인 수단입니다. 유일한 수단도 아니지요. 같은 시간대에 벌어지는 사건들 대신,

과거에 속한 사건과 현재에 속한 사건을 택할 수도 있을 것입니다. 이 두 연속 사건이 우리의 상상력 속에서 서로 일치하게 되면, 결과적으로 서로 방해하는 간섭현상은 일어나지 않겠지만 희극적 효과는 지속합니다. 하나의 일련의 사실로서 시옹 성[73] Castle of Chillon 에 갇힌 보니바르[74] Bonivard 를 떠올려 보세요. 그리고 스위스를 여행하다가 체포되어 감옥에 갇힌 타르타랭[75] Tartarin 을 상상해 봅니다. 이는 보니바르의 경우와 무관한 두 번째 일련의 사실입니다. 이제 타르타랭이 보니바르가 묶여있던 족쇄를 찬 것으로 설정해 이 두 개의 이야기가 한순간 우연히 일치한 것처럼 만들어 봅니다. 그러면 아주 재미있는 장면이 얻어지는데, 이것이 바로 도데가 상상해 낸 가장 재미있는 장면들 중 하나입니다. 분석해 보면 영웅 풍을 닮은 수많은 사건에서 동일한 요소들이 드러나는데, 늘 웃음을 불러일으키는 과거에서 현재로의 전환 또한 이와 같은 아이디어에

---

73   스위스 레만 호숫가에 세워진 중세의 성. 16세기 종교전쟁 동안 사보이 공국은 시옹 성을 감옥으로 사용했다.

74   François Bonivard 1493~1570. 스위스의 수도사이자 종교개혁가. 시옹 성에 6년 동안 투옥되었다. 영국의 시인 바이런이 쓴 <시옹의 죄수>(1816)에서 시옹 성에 갇혀 있던 보니바르를 노래했다.

75   69쪽 주석 20을 참고.

서 영감을 얻습니다. 라비슈는 온갖 모양과 형태로 이 기법을 구사하고 있습니다. 때로는 서로 상관없는 일련의 사건들이 일어나는 것으로 시작해서, 나중에 그 사건들이 서로 간섭하는 상황으로 이끌어 재미를 불러일으키지요. 예를 들면 결혼식 피로연 참석자들과 같은 하나의 독집적인 집단을 선택한 다음, 이들을 전혀 관계없는 상황 속에 처하게 만들어 버립니다. 우연의 일치들을 적절히 배치해 순간 그렇게 될 수밖에 없도록 하는 것이지요. 때로는 하나의 동일한 인물들만으로 극 전체를 이끌어 가기도 합니다. 하지만 일부 등장인물들에게 감춰야 할 비밀을 어떻게든 부여해 서로 밀약을 맺게 함으로써, 요컨대 전체 극 안에서 작은 희극을 만들어 내기도 하지요. 둘 중 하나의 희극이 다른 희극을 망치려는 순간, 모든 것이 제자리로 돌아와 둘 사이의 우연의 일치가 회복되는 방식으로 말입니다. 심지어 때로는 실제 사건들 속에다 전혀 실체가 없는 사건을 도입하기도 합니다. 예를 들면, 누군가 숨기고 싶어 하는 불편한 과거가 있는데, 그 과거가 현재에 불쑥 튀어나오는 일이 계속됩니다. 그럴 때마다 엉망진창이 되어버리는 것이 당연한 것 같은데도 성공적으로 수습이 되지요. 하지만 우리는 매번 서로 무관한 두 사

건들과 그것들이 만들어 내는 부분적인 우연의 일치를
알아챕니다.

가벼운 희극에 주로 쓰이는 기법들에 대한 분석은 여기
까지만 하겠습니다. 우리가 찾아내는 것이 연속된 사건들
의 상호간섭이든, 반전이든, 반복이든 간에, 그 기법들의
목표는 늘 같습니다. 우리가 앞서 살아있는 것의 **기계화**
Mechanisation라고 칭했던 바로 그것을 얻고자 하는 것이지요.
한 세트의 행위와 관계들을 택한 후, 그것을 그대로 반복
하거나 뒤집거나 부분적으로 일치하는 또 다른 세트로
통째 옮기는 것입니다. 이 모든 과정이 삶을 반복적 기계
장치로 간주하는 것으로 이루어져 있습니다. 동작을 철회
할 수 있고 각 부분이 서로 교체 가능한 기계장치 말이지
요. 실제 삶도 이와 같은 행위들이 자연스럽게 이루어진
다면, 그리하여 삶 그 자체를 잊는다면 그 자체로 희극이
라고 할 수 있지 않을까요? 왜냐하면 삶 자체를 잊지 않
고 계속 빈틈없이 경계한다면, 그것은 지속적으로 끊임없
이 변하며 되돌릴 수 없이 앞으로만 나아가는, 완전한 통
합체가 될 것이기 때문입니다. 따라서 개개인의 성격에
내재된 우스꽝스러움이 어떤 근본적인 얼빠짐에 기인하

는 것과 마찬가지로, 사건의 우스꽝스러움 역시 얼빠짐에 기인한다고 규정할 수 있습니다. 이에 대해서는 앞서 밝힌 바 있으며, 추후 증명할 시간을 갖겠습니다. 하지만 사건의 우스꽝스러움은 극히 예외적이며, 그 결과도 대단치 않습니다. 아무튼 얼빠짐은 어떤 경우에도 치유가 불가능한 것이므로, 비웃어도 소용이 없습니다. 웃음이 늘 즐거움을 안겨주는 존재가 아니라면, 그리고 웃음을 탐닉할 수 있는 아주 약간의 구실을 인류가 즉각 포착할 줄 모른다면, 얼빠짐을 과장해 그것을 하나의 체계로 전환하고 또 그것을 위한 작품을 만들어 낼 생각은 그 누구도 하지 못했을 것입니다. 이것이 가벼운 희극의 정체입니다. 사람에게 연결되어 그가 걸을 때마다 마치 춤추는 것처럼 보이는 인형과 마찬가지로, 가벼운 희극 역시 실제 삶과 이런 관계에 있습니다. 말하자면 사물이 자연적으로 갖고 있는 경직성을 인위적으로 과장한 것이라고 볼 수 있지요. 희극과 실제 삶을 연결해 주고 있는 줄은 매우 약합니다. 다른 놀이들과 마찬가지로, 이 역시 사전에 받아들여진 관례에 따르는 놀이에 불과하지요. 성격희극은 삶에 더 깊이 뿌리박고 있습니다. 이 희극 유형에 대해서는 마지막 부분에서 더욱 구체적으로 살펴보도록 하고, 우선은 가벼운 희극과 여러 가지 측면에서 비슷한 희극성의 유형, 즉 말의 희극성에 대해 분석해 보겠습니다.

2.희극적인 말이 어떻게
상황의 희극성과 일치하는지

지금까지 살펴본 다양한 희극성이 대부분 언어라는 매개체를 통해 만들어졌다는 점으로 미루어 볼 때, 말의 희극성을 위해 특별한 범주를 새로 만든다는 것이 다소 억지스럽게 느껴질 수도 있을 것 같습니다. 하지만 말로 **표현되는**Expressed 희극성과 말에 의해 **만들어지는**Created 희극성은 구분되어야 합니다. 말로 '표현되는' 희극성은, 필요시 한 언어에서 다른 언어로 번역이 가능합니다. 물론 관습이나 문학, 그리고 무엇보다 관념 연합이 매우 이질적인 새로운 사회에 도입될 경우 그 의미의 상당 부분을 잃을 위험성은 있겠지만요. 반면, 말에 의해 '만들어지는' 희극성은 대체로 번역이 불가능합니다. 문장의 구조나 단어의 선택에 전적으로 의존하고 있기 때문이지요. 이는 사람이나 사건에 내재된 특별한 경우의 얼빠짐 상태를 언어로 표현하는 것이 아니라, 언어 자체의 얼빠짐 상태를 강조합니다. 언어 그 자체가 희극성을 갖게 되는 경우이지요.

하지만 희극적인 말은 즉각적으로 만들어지는 재료가 아닙니다. 우리가 희극적인 말을 듣고 웃었다면, 그 말뿐만 아니라 그 말을 만들어 낸 사람에 대해서도 웃는 것입니다. 그렇지만 항상 그 사람이 웃음의 대상이 되는 것은 아니지요. 왜냐하면 그가 한 말이나 표현이 나름의 희극성을 갖기 때문입니다. 누군가 웃음을 만들어 내는 사람이 있다는 것을 어렴풋이 느끼면서도 대부분의 경우 그게 누구인지를 말하기가 매우 어렵다는 사실이 그 증거입니다.

게다가 짐작한 그 사람이 그 말을 한 사람이 아닐 수도 있습니다. 여기서 **재치 있는 것**Witty과 **희극적인 것**Comic의 중요한 차이를 구분해야 할 것 같군요. 누군가 한 말이 웃음을 유발할 때, 그 말은 희극적이라고 할 수 있습니다. 그리고 제3자나 우리 자신에 대해 웃음을 유발할 때, 그 말은 재치 있다고 할 수 있습니다. 하지만 대부분의 경우 우리는 그 말이 재치 있는 말인지 희극적인 말인지 결론을 내리기가 어렵습니다. 우리가 할 수 있는 말은 그저 우습다는 것이 전부이지요.

더 나아가기 전에, **재치**Esprit가 의미하는 바를 보다 면밀하게 검토해 보는 편이 좋을 것 같습니다. 재치 있는 말은 최소한 우리를 미소 짓게 만들기 때문에, 재치의 본질이 자리하고 있는 기저로 내려가 근본적인 관념을 밝히지 못한다면 웃음에 대한 어떤 연구도 완전하지 못할 것이기 때문입니다. 하지만 지극히 감지하기 힘든 이 본질이 빛에 노출될 경우 증발해 버릴까 우려스럽기도 합니다.

재치라는 단어의 의미를 보다 넓은 의미와 보다 제한적인 의미로 나누어 구분해 보도록 하지요. 우선 보다 '넓은 의미'로 봤을 때 재치라는 것은 일종의 **극적인**dramatic 사고 방식을 말하는 것 같습니다. 재치 있는 사람은 자신의 생각들을 단순한 상징으로 보는 대신 그것을 바라보고 귀 기울이며, 무엇보다 사람처럼 서로 대화하게 합니다. 그리고 그것들을 무대에 올린 후 자신도 얼마간 그 연극에 동참하지요. 재치 있는 사람들은 필연적으로 연극을 좋아하는 사람들입니다. 그들 각자 어느 정도는 시인이라고도 할 수 있습니다. 훌륭한 독자에게 배우의 소질이 있는 것과 마찬가지이지요. 이런 비교를 하는 데에는 의도가 있습니다. 이 네 가지 용어간의 비례 관계를 용이하게 설정하기 위해서입니다. 글을 잘 읽기 위해서는 배우의 기술 중 지적인 면만 있으면 됩니다. 하지만 연기를 잘하기 위해서는 몸과 마음이 모두 배우여야 합니다. 이와 마찬가지로, 시적 창작도 어느 정도 자신을 망각할 필요가 있습니다. 하지만 재치 있는 사람은 이런 면에서 대체로 정도를 벗어나지 않습니다. 늘 말과 행동 뒤에 그의 존재가 어렴풋이 드러나지요. 그저 지성만을 활용할 뿐, 완전히 몰입하지 않기 때문입니다. 따라서 시인이라면 누구나 원한다면 재치 있는 사람이 될 수 있지요. 그러기 위해 더 필요한 것은 없습니다. 오히려 뭔가를 포기해야 하겠지요. 그저 자신의 생각들이 "아무 이유 없이, 오로지 즐거움을 위해!^{76}" 서로 대화하게 놔두기만 하면 됩니다. 생각과 감정을 맞닿게 하고 정신과 삶을 만나게 해 주는 이중의 결합을 느슨하게만 하면 되는 것이지요. 간단히 말해 감정을 배제하고 오로지 지성만을 가진 시인이 되겠다고 결심하기만 하면 재치 있는 사람으로 바뀔 수 있는 것입니다.

하지만 재치가 사물 일반을 **연극의 형태**Sub Specie Theatri로 본다고 가정한다면, 그것은 분명 극예술의 다른 일종, 즉 희극과 곧바로 통할 수 있습니다. 여기서 우리는 보다 '제한적인 의미'로 재치라는 말을 만납니다. 즉 웃음 이론의 관점에서 유일하게 우리의 관심을 끄는 대상을 만나는 것입니다. 여기서 말하는 **재치**Wit는 몇 번의 손놀림으로 희극적 장면들을 단숨에 그려내는 재능을 가리킵니다. 하지만 그 손놀림이 어찌나 교묘하고 섬세하고 빠른지, 우리가 눈치 채기 시작했을 때는 이미 끝나버리지요.

이런 장면들에 등장하는 배우는 누구일까요? 재치 있는

---

76   빅토르 위고(Victor Hugo 1802~1885)의 희곡 <마리옹 들로름 Marion Delorme>(1831)에 있는 문장 "Pour rien, pour le Plaisir"

사람은 누구를 상대할까요? 우선, 자기 자신에게 직접 재담을 건네는 경우에는 그 자신이 대화상대가 됩니다. 종종 가상의 인물과도 대화하는데, 이는 상대가 말하고 대답한다는 가정 하에 이루어집니다. 하지만 말 그대로 온 세상을 상대로 할 때가 더 많습니다. 통용되는 견해를 역설로 비틀거나 상투적인 문구를 사용하기도 하고, 인용구나 속담을 패러디하기도 하면서 세상에 트집을 잡지요. 이런 장면들을 축소해서 비교해 보면, 이것들 모두 거의 우리가 익히 알고 있는 희극의 주제, 즉 '도둑질 당하는 도둑'의 변형들임을 알 수 있습니다. 은유나 관용구, 논쟁을 받아들여 그것을 말한, 또는 말했을 가능성이 있는 사람에게 대적하게 함으로써 그로 하여금 의도치 않은 말을 하게 하고, 얼마간은 스스로 말의 덫에 걸려들게 하는 것이지요. 하지만 '도둑질 당하는 도둑'이라는 주제만 가능한 것은 아닙니다. 지금까지 희극성의 수많은 변형을 살펴본 바, 무엇이든 증발과정을 통해 재치로 변할 수 있다고 볼 수 있습니다.

그러므로 재치 있는 말은 분석이 가능합니다. 그리고 우리는 이제 그 화학식을 밝힐 수 있게 되었지요. 그 식은 바로 다음과 같습니다. 재치 있는 말을 택해 우선 일반적인 장면으로 확대한 후, 그 장면이 명백하게 속하는 범주를 찾습니다. 이런 방식을 통해 그 재치 있는 말을 지극히 단순한 요소로 축소시켜 충분한 설명을 얻어내는 것입니다.

이 수단을 고전 작품에 적용해보도록 하겠습니다. "네 가슴이 나를 아프게 하는구나. J'AI MAL A VOTRE POITRINE"라고 세비녜 부인[77]은 아픈 딸에게 편지를 썼습니다. 재치 있는 말임에 분명하지요. 만약 우리의 이론이 맞는다면, 우리가 할 일은 그저 이 말을 강조하고 확대, 과장해 이것이 하나의 희극적인 장면으로 확대되는 것을 지켜보는 것이 전부입니다. 그런데 여기서, 우리는 바로 이 장면이 몰리에르의 희극 〈사랑이라는 의사[78]〉에 이미 만들어진 상태로 등장한 것을 발견하게 됩니다. 스가나렐의 딸을 진찰하는 자리에 불려온 가짜 의사 클리탕드르_Clitandre가 스나가렐의 맥박만 재고서는 부녀 사이에

---

77   Marquise de Sévigné 1626~1696. 서간집으로 유명한 프랑스의 귀족 부인. 1671년부터 죽을 때까지 딸 마리와 편지를 주고받았으며, 지인과의 편지를 포함하여 약 1,500통의 서간문을 남겼다.

78   83쪽 주석 35를 참고.

당연히 공감이 존재하리라는 것만 믿고 "따님께서 많이 아프시군요!"라며 주저 없이 진단을 내리는 장면입니다. 여기서 우리는 재치 있는 말이 희극적으로 변한 것을 볼 수 있습니다. 이제 우리의 분석을 끝내기 위해 해야 할 일은, 부모 중 한 사람을 진찰한 후 그 자녀에게 진단을 내린다는 관념에서 무엇이 희극적인지를 찾아내는 것뿐입니다. 자, 우리는 희극적 상상의 본질적 형태가 살아있는 사람을 일종의 관절인형으로 상상하는 것에 있음을 알고 있습니다. 그리고 이 상상의 완성을 위해 두 명 이상의 사람이 마치 보이지 않는 끈으로 서로 연결되어 있는 것처럼 말하고 행동하는 모습이 제시된다는 것도 알고 있습니다. 이는 바로 아버지와 딸 사이에 존재한다고 여겨지는 것, 이를테면 공감을 구체화할 때 제시된 관념이 아닌가요?

우리는 이제 재치에 관해 글을 쓰는 작가들이 왜 재치라는 용어를 온전히 정의내리지 못한 채 그 용어로 표현되는 것들의 특별한 복잡성을 언급하는 것에만 연연하는지 알 수 있습니다. 재치 있는 말을 하는 방법은 수없이 많습니다. 거의 그 반대의 경우만큼 많지요. 그러니 재치 있는 것과 코믹한 것이 일반적으로 맺고 있는 관계부터 정하지 않고서는 그것들이 공통적으로 갖고 있는 점이 무엇인지 알아낼 도리가 없습니다. 하지만 일단 이 관계가 정리되면 모든 것은 간단하고 쉬워지지요. 그런 다음 우리는 이미 일어난 장면과 앞으로 일어날 법한 장면 사이에 존재하는 것과 동일한 관계를 희극적인 것과 재치 있는 것 사이에서 찾을 것입니다. 희극적인 것으로 추정되는 형태가 얼마나 많든 간에, 재치 역시 그에 상응하는 다양성을 갖고 있겠지요. 따라서 하나의 형태에서 다른 형태로 이어주는 단서를 찾아(이것만도 이미 쉬운 작업이 아닙니다) 온갖 형태의 희극성을 우선 정의하겠습니다. 바로 이 과정을 통해 재치를 분석하면, 재치가 매우 휘발성 강한 상태의 희극성에 불과하다는 것을 알게 될 것입니다. 하지만 정반대되는 계획을 따른다면, 즉 재치의 공식을 곧바로 이끌어내려 한다면, 실패를 자초하게 되겠지요. 만일 연구실에 실험재료들이 가득한데 증발을 통해 아주 극미량의 입자만 섞여있는 공기 중에서 실험에 쓸 재료를 얻어내고자 하는 화학자가 있다면 어떤 생각이 들까요?

그런데 재치 있는 것과 희극적인 것에 대한 이러한 비유는 말의 희극성을 연구할 때 우리가 택해야 할 방향을 제시해 주기도 합니다. 한편 희극적인 말과 재치 있는 말 사이에 어떤 본질적인 차이는 사실 없습니다. 다른 한편 재치 있는 말은 비록 언어라는 형태와 연결되어 있기는 해도 언제나 희극적 장면의 이미지를 흐릿하거나 분명하게 상기시킵니다. 이는 말의 희극성이 행위의 희극성이나 상황의 희극성과 하나하나 일치함을 의미합니다. 굳이 표현한다면 행위나 상황의 희극성이 말의 차원에 투사된 것에 불과합니다. 따라서 행위의 희극성과 상황의 희극성으로 되돌아가 그것을 만들어낸 주요 수단을 찾아보도록 하겠습니다. 그런 다음 그것을 말의 선택과 문장의 구성에 적용해 보도록 하지요. 이를 통해 우리는 말의 희극성의 모든 형태뿐만 아니라 재치의 다양한 변형 또한 얻을 수 있을 것입니다.

1. 경직성이나 타성의 결과로, 전혀 의도하지 않은 말이나 행위를 무심코 저지르는 것은 알다시피 희극성의 주요 원천 중 하나입니다. 따라서 얼빠짐은 본질적으로 웃음을 유발하며, 그래서 우리는 몸짓과 태도, 심지어 얼굴

표정에 있어서도 경직된 것, 진부한 것, 기계적인 것을 보면 웃음을 터트리게 됩니다. 언어에서도 이런 종류의 경직성을 찾아볼 수 있을까요? 언어에는 판에 박힌 문구와 진부한 문장이 포함되어 있으므로, 당연히 가능합니다. 그런 식으로 늘 자신을 표현하는 사람이 있다면 예외 없이 웃음을 살 것이고요. 그러나 하나의 독립된 문구가 그것을 말한 사람에게서 일단 분리된 후에도 그 자체로 코믹하게 느껴지려면, 상투적인 것 그 이상이어야 합니다. 또한 자동으로 나온 말이라는 확실한 표시가 있어야 합니다. 이는 오로지 그 문구 안에 어떤 뚜렷한 실수나 모순 등 불합리한 점이 뚜렷이 존재할 때만 가능하지요. 이런 이유로 다음과 같은 일반 법칙을 생각해 볼 수 있습니다.

— **부조리한 생각이 관용구에 꼭 들어맞을 때 희극적 의미가 생겨난다.**

"이 칼은 내 인생 최고의 날이다 Ce sabre est le plus beau jour de ma vie." 프뤼돔[79] 씨의 대사입니다. 이 문장

---

79   Joseph Prudhomme. 프랑스 극작가이자 풍자 만화가인 앙리 모니에(Henry Monnier 1799~1877))가 만든 소설 속 인물로 뚱뚱하고 이기적이며 교활한 부르주아 캐릭터이다. 발자크는 그가 파리 중산계급의 전형적인 모습을 보여준다고 평했다.

은 영어나 독일어로 번역하면 매우 불합리하지만, 프랑스어로는 충분히 희극적입니다. 그 이유는 '내 인생 최고의 날'이라는 말이 프랑스인들의 귀에는 매우 익숙한 문장이기 때문이지요. 따라서 이 말을 코믹하게 만들기 위해 필요한 일은 그것을 말하는 사람의 자동기계를 분명하게 드러내 주는 것뿐입니다. 이는 우리가 부조리를 관용구 안에 도입할 때 얻을 수 있는 것이지요. 여기에서 부조리는 결코 희극성의 원천이 아니며, 희극성을 분명하게 드러내 주는 아주 단순하고 효과적인 수단에 불과합니다.

우리는 프뤼돔 씨의 대사 하나만 인용했으나, 그의 대사 대부분이 이런 유형에 속합니다. 프뤼돔 씨는 관용구를 자주 구사하는 인물입니다. 그리고 모든 언어에는 관용구가 있으므로, 프뤼돔 씨의 말은 번역하기는 힘들어도 각 언어의 다른 관용구로 대체 가능합니다. 때로는 부조리가 몰래 숨어 있어 이런 상투적인 문구가 쉽게 눈에 띄지 않습니다. "나는 식간에는 일하고 싶지 않아." 어느 게으름뱅이의 말입니다. 만일 "식간에는 또 먹지 말아야 한다."는 섭생법에 대한 건전한 계율이 존재하지 않는 경우 이 말은 전혀 우습지 않겠지요.

이 효과는 때로 복잡합니다. 들어맞는 상투적인 문구가 하나뿐만 아니라 두세 개일 때도 있기 때문이지요. 라비슈 작품 중 한 인물의 대사를 예로 들어 보겠습니다. "오직 하느님만이 동족을 죽일 권리가 있다." 이는 서로 다르지만 친숙한 두 문구를 유리하게 결합시킨 듯합니다. 바로 "인간의 삶을 주재하는 것은 하느님"이라는 것과 "사람이 동족을 죽이는 것은 죄"라는 것이지요. 하지만 이 두 문구는 서로 결합되어 사람들의 귀를 속이고, 마치 마땅히 받아들여야 할 관용문 중 하나인 것 같은 인상을 남깁니다. 따라서 우리의 주의력은 잠시 잠이 들었다가 그 의미가 부조리함을 번뜩 알아채지요. 이런 예들을 통해 우리는 희극성의 주요 형태 중 하나가 말의 차원에서 어떻게 (단순화된 형태로) 나타날 수 있는지 충분히 알 수 있습니다. 이제 그다지 일반적이지 않은 형태로 넘어가 보겠습니다.

2. "정신적인 면이 문제일 때 신체적인 면으로 주의가 전환되면 우리는 웃음을 터트린다." 이 법칙을 우리는 이 책

의 첫 번째 장[80]에서 규정한 바 있습니다. 이제 이것을 언어에 적용해 보지요. 대부분의 말은 문자 그대로 해석되느냐 비유적으로 해석되느냐에 따라 **물리적** 의미와 **정신적** 의미를 가진다고 말할 수 있습니다. 사실 모든 말은 구체적인 사물이나 물리적 행동을 표현함으로써 시작되지요. 하지만 점차 말의 의미는 추상적인 관계나 순수한 관념을 표현하는 것으로 정제됩니다. 따라서 만일 위의 법칙이 옳다면, 다음과 같이 말할 수 있을 것 같습니다. "비유적으로 사용되는 표현을 문자 그대로 받아들이는 척 연기할 때 희극적 효과가 얻어진다." 또는 "일단 우리의 관심이 어떤 비유의 물질적인 면에 고정되면, 그 아이디어는 희극적이 된다."

"모든 예술은 형제다."라는 문장에서, 형제라는 단어는 얼마간 두드러지게 눈에 띄는 유사점을 보여주기 위해 비유적으로 사용되고 있습니다. 워낙 이런 방식으로 자주 사용되는 단어이기 때문에, 우리는 이 단어를 들었을 때 그 관계 안에 함축된 구체적이고 물질적인 연관성을

---

80   제1장 5절 '살아있는 생명체에 덧입혀진 기계적인 것'을 다양하게 설명하면서 언급되었다.

떠올리지 않습니다. 오히려 "모든 예술은 사촌이다."라는 말을 들었을 때 그런 관계를 떠올리게 되지요. 사촌이라는 단어는 비유적 의미로는 그리 자주 쓰이지 않기 때문입니다. 이로써 이 단어는 이미 희극적인 느낌을 띱니다. 하지만 여기서 더 나아가, 앞의 비유적 표현에 쓰인 두 단어와 젠더 측면에서 양립할 수 없는 관계의 단어를 선택해 비유어의 실질적 측면에 주목하게 되는 경우에도 코믹한 효과를 얻을 수 있습니다. 이런 예 역시 쉽게 찾아볼 수 있는데, 프뤼돔 씨의 다음과 같은 대사가 바로 그렇습니다. "모든 예술은 자매다."

매우 우쭐거리는 사람을 보고 누군가 "그는 늘 농담을 쫓아다녀."라고 부플레르[81]에게 말했을 때 만일 부플레르가 한 대답이 "절대 잡지는 못할 걸."이라는 말이었다면, 이는 재치 있는 대답이 될 법한 조짐은 보이나 그 이상의 재담은 될 수 없습니다. '잡다'라는 말은 거의 '달리다'라는 말만큼이나 비유적으로 자주 쓰이는 말이기 때문이지요. '달리다'라는 말보다 앞서거니 뒤서거니 서로의 뒤를 쫓는 두 달리기 주자의 이미지를 더 강하게 구체화시

---

81   Stanislas Jean de Boufflers 1738~1815. 프랑스 정치인이자 작가.

켜 주지도 못하고요. 그의 대답이 정말 재치 있는 말이 되려면, 운동 경기에서 많이 쓰이는 용어 중 매우 생생하고 구체적이어서 진지하게 경기를 관람하고 있는 느낌을 주는 말을 빌려와야 합니다. 부플레르가 "농담 쪽에 돈을 걸지!"라며 대꾸한 말이 바로 그런 것이지요.

재치란 종종 대화 상대방으로 하여금 자신의 생각과 반대되는 말을 하는 지점까지 끌고 가 결국 자신이 한 말의 덫에 스스로 걸리게 만드는 것이라고 우리는 앞서 말한 바 있습니다. 그리고 이제 이 덫은 거의 언제나 일종의 은유나 비교이고, 또 그것을 통해 그 말의 구체적인 의미가 상대방과 대립하게 된다는 점을 추가해야 할 것 같습니다. 〈위선자들[82] Les Faux Bonshommes〉에서 한 어머니와 아들이 나눈 대화를 기억하실런지 모르겠습니다. "아들아, 주식 투기는 매우 위험한 거란다. 하루는 벌고 하루는 잃는 식이지." "흠, 그렇다면, 하루걸러 한 번씩만 할게요." 역시나 같은 작품에서 우리는 회사 발기인 두 사람이 나누는 다음과 같은 교훈적인 대화도 볼 수 있습니다. "우리가

---

82   프랑스 극작가 바리에르(Théodore Barrière 1823~1877)가 카팡뒤 (Ernest Capendu 1825~1868)와 함께 쓴 1856년 작품.

지금 하는 일이 과연 명예로운 일일까? 알다시피, 불쌍한 주주들의 주머닛돈을 빼먹고 있는 셈인데……." "흠, 그러면 자네는 대체 어디에서 돈을 빼먹어야 한다고 생각하는데?"

상징이나 엠블럼의 구체적인 면을 확장하고도 원래와 같은 상징적 가치가 남아있는 것처럼 가장할 때도 재미있는 결과가 얻어질 수 있습니다. 몬테카를로의 관리가 등장하는 재미있는 희극 작품이 하나 있는데, 그는 실제로 받은 훈장은 하나뿐이면서 온통 훈장으로 뒤덮인 제복을 입고 다니며 이렇게 말합니다. "내가 어떤 번호에 훈장을 걸고 룰렛 게임을 하지 않았겠소? 마침 그 번호가 나오는 바람에 내가 건 몫의 36배를 돌려받았다오." 이런 추론은 〈철면피들[83] Les Effrontes〉에서 지브아예가 제시한 것과도 매우 유사합니다. 마흔 살의 신부가 웨딩드레스에 오렌지 꽃을 단 것에 비난이 일자, 지브아예는 이렇게 말하지요. "뭐가 문제야, 저 신부는 오렌지 꽃은 물론 오렌지를 달 자격도 있어!"

83　프랑스 극작가 에밀 오지에(Émile Augier 1820~1889)의 1861년 희극. 오지에는 사회극을 써서 근대극 개척에 크게 이바지했다.

하지만 우리가 지금까지 언급한 법칙들을 언어의 차원에서 하나하나 증명하고자 든다면 결코 끝이 나지 않을 것입니다. 그러니 바로 앞장에서 제시했던 일반적인 세 가지 법칙에 한정하는 편이 나을 것 같습니다. 우리는 '일련의 사건들'이 반복이나 반전, 또는 상호 간섭에 의해 희극적이 된다는 것을 살펴본 바 있습니다. 이제 이런 법칙이 일련의 단어들에도 적용됨을 살펴보도록 하겠습니다.

앞서 말했듯이, 일련의 사건을 택해 그것들을 다른 실마리나 환경에서 반복되게 하거나, 특정한 의미는 그대로 가지도록 하면서 순서를 뒤바꿀 때, 또는 사건들이 뒤섞여 각각의 의미가 충돌하도록 만들 때 여지없이 희극적인 효과를 얻을 수 있습니다. 살아있는 것을 기계처럼 다루기 때문이지요. 하지만 생각 또한 살아있는 존재입니다. 따라서 생각을 옮겨놓은 언어 또한 살아있는 것이어야 하지요. 그러므로 순서가 뒤바뀌어도 여전히 의미가 통하거나, 전혀 관련 없는 두 개의 생각을 동등하게 표현할 때, 그리고 마지막으로 어떤 아이디어를 다른 어조로 바꾸어 표현함으로써 얻어진 것일 때, 문구$_{phrase}$도 희극적이 될 가능성이 크다는 것을 짐작할 수 있습니다. 사실상 이것이 소위 **문장의 희극적 변형**의 세 가지 기본 법칙이라고 할 수 있는데, 몇 가지 예를 들어보도록 하겠습니다.

먼저, 이 세 가지 법칙이 희극성 이론에서 모두 똑같이 중요하게 다뤄지지는 않는다는 점을 짚고 넘어가는 것이 좋겠습니다. 반전은 이 셋 중 가장 재미는 덜하지만 적용은 쉽습니다. 직업적인 재담가들은 어떤 문장을 들으면 곧바로 그것을 뒤집어 보고 그래도 의미가 통하는지를 실험해 본다는 점에서 분명하게 알 수 있지요. 예를 들면 주어를 목적어 자리에, 목적어를 주어 자리에 놓는 것입니다. 따라서 이 장치는 어떤 아이디어를 다소간 익살스러운 말로 반박할 때 사용되는 경우가 드물지 않습니다. 라비슈의 희극에 한 등장인물이 습관적으로 자신의 발코니를 더럽히는 위층 이웃에게 소리를 지르는 장면이 나옵니다. "대체 무슨 의미로 내 테라스에 담뱃재를 터는 거요?" 그러자 그 이웃은 이렇게 대꾸하지요. "대체 무슨 저의로 내 담배 밑에 테라스를 둔 거요?" 이런 유형의 재치를 깊게 생각할 필요는 없습니다. 이런 예는 어렵지 않게 찾을 수 있으니까요. 하나의 문장 안에서 이루어지는 두 관념의 상호 간섭은 다양한 희극적 효과를 무궁무진하게 만들어 낼 수 있는 원천입니다. 이런 간섭을 야기하는 방법은 많습니다. 말하자면 겉으로 보기에 일치하는 두 개의 상반된 의미를 하나의 문장 안에 묶는 것이지요. 이런 방법 중 가장 간단한 것이 바로 동음이의어에 의한 말장난입니다. 하나의 문장이 두 개의 상반된 의미를 제시하고 있는 것처럼 보이지만, 그렇게 보이기만 할 뿐 사실 다른 단어들로 이루어진 두 개의 다른 문장이지요. 하지만 그 둘이 같은 소리를 가지므로 하나의 동일한 문장처럼 느껴지는 것뿐입니다. 이제 감지하기 어려운 단계들을 거쳐 동음이의어에 의한 말장난에서 진짜 말장난으로 넘어가보도록 하겠습니다. 여기서는 진짜 하나의 동일한 문장이 두 개의 상반된 관념을 표현합니다. 하지만 우리가 마주치는 것은 오직 하나의 문장뿐이지요. 한 단어가 가질 수 있는 다양한 의미를 취하는 것입니다. 특히 문자 그대로 사용되기보다는 비유적으로 사용될 때 가능하지요. 그래서 사실 말장난과 시적 은유, 또는 설명적 비교 사이에는 아주 미묘한 차이만 있을 때가 많습니다. 설명적 비교와 눈에 띄는 이미지는 언제나 삶에서 평행을 이루는 두 개의 형태로 간주되는 언어와 자연 사이에 존재하는 밀접한 조화를 드러내 주는 것처럼 보이는 반면, 말장난은 잠시 자신의 진짜 기능을 망각하고 자신을 상황에 맞추기보다는 상황이 자신에게 맞춰 주기를 요구하는, 왠지 언어의 태만을 상기시킵니다. 따라서 말장난은 늘 언어에 있어서의 순간적인 **얼빠진 상태**를 무심코 드러내 줍니다. 그리고 그런 점이 바로 재미를 유발하는 것이지요.

결국 **반전**과 **상호 간섭**은 일종의 생각의 유희에 불과하며 말장난으로 끝나는 반면, **전환**에 있어서의 희극성은 훨씬 광범위합니다. 사실상 전환과 일상 언어와의 관계는 반복과 코미디의 관계와 같다고 볼 수 있습니다.

앞서 우리는 반복이 고전 희극에서 가장 선호되는 기법임을 밝힌 바 있습니다. 이는 하나의 장면이 새로운 상황에 처한 동일한 인물들 사이에서, 또는 동일한 상황에 처한 새로운 인물들 사이에서 벌어지도록 사건을 배열하는 것입니다. 주인들이 이미 연출한 장면을 하인들이 덜 고상한 언어로 반복하게 하는 것이지요. 이제 적합한 형식으로 표현되어 자연스러운 환경에 배치된 아이디어들을 상상해 보지요. 여러분이 만일 이런 관념들이 서로간에

갖는 관계는 유지하면서 새로운 환경으로 옮겨갈 수 있도록 하는 방법을 생각해 낸다면, 다시 말해, 이 아이디어들이 완전히 다른 형식으로 표현되고 완전히 다른 어조로 바뀌도록 만들 수 있다면, 언어 그 자체가 희극을 연출하게 될 것입니다. 즉 언어 그 자체가 희극이 되는 것이지요. 게다가 사실상 동일한 아이디어의 두 표현방식, 다시 말하면 전환된 표현과 본래의 자연스러운 표현 모두를 우리 앞에 제시할 필요도 없습니다. 왜냐하면 본래의 자연스러운 표현은 우리가 이미 알고 있는 것이라 본능적으로 선택된 것이기 때문입니다. 따라서 희극성을 창출해내고자 하는 노력은 전환된 표현만을 대상으로 삼아도 충분합니다. 이것만 설정되면 우리는 자연스러운 표현을 저절로 떠올리게 될 테니까요. 그러므로 다음과 같은 일반 법칙을 끌어낼 수 있습니다. — **어떤 생각에 대한 자연스러운 표현을 다른 어조로 전환해 낼 때 항상 희극적 효과가 얻어진다.**

전환 방법은 너무나 많고 다양합니다. 언어 또한 주제의 연속성이 너무나 풍부하고, 희극성은 시시한 익살에서 고차원의 유머와 역설에 이르기까지 엄청나게 다양한 형태를 띨 수 있지요. 따라서 완벽한 목록을 나열하는 일은 건너뛰도록 하겠습니다. 위에서 법칙은 정했으니, 그저 곳곳에서 주로 어떻게 적용되었는지 확인해 보도록 하지요

먼저 양 극단에 있는 두 개의 어조, 즉 엄숙한 어조와 통속적인 어조를 구분할 수 있습니다. 이 두 어조를 전환하는 것만으로도 매우 분명한 효과를 얻을 수 있습니다. 그리고 이로부터 우리는 희극적 상상의 두 상반된 흐름을 알 수 있지요.

엄숙한 어조를 통속적인 어조로 전환하면 패러디입니다. 이렇게 정의한다면, 보통은 다른 어조로 표현됐어야 할 생각이 통속적인 말로 표현되는 경우에도 패러디가 되는 것입니다. 장 파울 리히터[84] Jean Paul Richter가 다음과 같이 인용한 새벽에 관한 묘사를 보지요. "하늘은 마치 익어 가는 바닷가재처럼 검은색에서 붉은색으로 변해 가고 있었다." 고전 시의 표현을 현대 일상 용어로 표현해도 같은 효과를 낳습니다. 고전 시가의 후광이 미치기 때문이지요.

---

84 본명은 요한 파울 프리드리히 리히터(Johann Paul Friedrich Richter 1763~1825). 독일의 낭만주의 소설가. 유머러스한 작품을 많이 남겼다.

분명 일부 철학자들, 특히 알렉산더 베인[85]Alexander Bain이 희극성을 일반적으로 일종의 **하락**Degradation으로 정의한 것은 바로 이 패러디의 희극성 때문일 것입니다. 이들은 '웃기는 것이란 예전에는 품위 있었던 것을 상스러워 보이게 만드는 것'이라고 설명합니다. 하지만 우리의 분석이 옳다면, 하락이란 그저 전환의 한 형태에 지나지 않을 뿐이며 전환 자체도 웃음을 얻기 위한 하나의 수단일 뿐입니다. 웃음을 얻기 위한 수단은 그 외에도 많고, 웃음의 원천은 훨씬 더 거슬러 올라가 찾아봐야 하는 것이지요. 게다가 고상한 것에서 상스러운 것으로, 보다 나은 것에서 보다 못한 것으로의 전환이 희극적일 때 그 반대 방향으로의 전환은 훨씬 더 희극적일 수 있다는 점을 우리는 그렇게 멀리 갈 필요도 없이 쉽게 알 수 있습니다.

이 반대 방향으로의 전환 역시 전자만큼이나 자주 눈에 띕니다. 대상의 **물리적 크기**Physical Dimensions를 언급하는 것인지 아니면 **정신적 가치**Moral Value를 언급하는 것인지에 따라 우리는 이 전환을 두 가지의 기본 형태로 구분해 볼 수 있

---

85   Alexander Bain 1818~1903. 스코틀랜드 철학자이자 교육자. 심리학에 과학적인 방법을 적용하고자 했다.

습니다.

일반적으로 작은 물건을 마치 큰 것처럼 말하는 것은 **과장**_{Exaggerate} 입니다. 과장은 오래 지속될 때나 특히 체계적일 때 희극적이며, 실제로 전환의 한 방법으로 여겨집니다. 워낙 큰 웃음을 유발하기 때문에, 하락을 희극성이라고 정의하는 사람들이 있었던 것처럼 과장을 희극성으로 정의하는 작가들도 있었을 정도지요. 사실 과장은 하락과 마찬가지로 일종의 희극성을 구성하는 하나의 형태에 불과합니다. 매우 두드러진 형태이기는 하지요. 과장을 통해 다소 구식인 영웅시가 생겨났는데, 고지식하게 과장을 좋아하는 사람들 사이에서 여전히 그 흔적을 찾을 수 있습니다. 허풍이 우리를 웃게 만드는 것은 바로 그 영웅인 체하는 측면 때문이라고도 말할 수 있겠지요.

훨씬 인위적이면서도 세련된 방식으로는 사물의 물리적 크기가 아니라 정신적 가치를 낮은 것에서 높은 것으로 전환하는 것이 있습니다. 평판이 안 좋은 아이디어를 좋은 말로 표현하는 것, 수치스러운 상황이나 천한 직업, 불명예스러운 행동 등을 극도의 **품위**_{respectability}를 갖춘 말로 표현하는 것은 대개 희극적이지요. 이 품위라는 단어를 영어로 표현한 이유는 이런 방식 자체가 다분히 영국적이기 때문입니다. 이런 예는 디킨스[86]_{Dickens}나 새커리[87]_{Thackeray}를 비롯한 영문학 일반에서 많이 찾아볼 수 있지요. 말이 나온 김에 언급하자면, 품위의 효과의 강도는 말의 길이와 상관이 없습니다. 어떤 특정한 사회 집단에서 받아들여지는 전환 체계 전체, 즉 이를테면 부도덕한 도덕적 집단을 슬쩍 들여다보게 해 준다면, 때로는 한마디 말로도 충분하지요. 고골[88]의 소설에서 한 관리가 자신의 하급자에게 한 다음과 같은 말이 바로 그런 예입니다. "자네가 횡령한 금액은 직급에 비해 너무 과해."

86　Charles John Huffam Dickens 1812~1870. 빅토리아 시대를 대표하는 영국의 소설가. <올리버 트위스트>, <두 도시 이야기>, <데이비드 코퍼필드>, <위대한 유산>, <크리스마스 캐럴> 등의 작품을 남겼다. 그의 묘비에는 다음과 같이 씌어 있다. "그는 가난하고 고통받고 박해받는 이들의 동정자였다."

87　William Makepeace Thackeray 1811~1863. 영국의 소설가. <허영의 시장>, <속물열전> 등의 작품이 있다. 동시대의 디킨스와 달리 상류와 중류 계급의 허영을 풍자적으로 묘사했다.

88　Nikolai Vasilievich Gogol 1809~1852. 러시아 근대문학의 대가. <외투>, <코> 등의 작품을 남겼다.

방금 말한 내용을 정리하자면, 대조에는 두 극단적 조건이 있는데, 극대와 극소, 최선과 최악이 바로 그것입니다. 그리고 전환은 이들 사이에서 한 방향, 또는 그 역방향으로 효과를 발휘하지요. 그 간격이 점차 좁혀지면 두 조건들 사이의 차이는 점점 완화되고, 갖가지 희극적 전환의 효과 또한 점점 감지하기 힘들어집니다.

이러한 대조 중 가장 일반적인 것은 아마도 현실과 이상, 즉 존재하는 것과 존재해야 하는 것 사이에 이루어지는 대조입니다. 여기서 또 다시 양방향으로 전환이 이루어질 수도 있겠지요. 때로 우리는 당연히 이루어져야만 할 것을 말하면서 그것이 실제로 이루어지고 있다고 믿는 척할 때가 있는데, 이때 **아이러니**Irony가 성립됩니다. 이와 반대로, 때로는 이루어지고 있는 것에 대해 꼼꼼하고 세심하게 묘사하면서 이것이 바로 이루어져야만 하는 것이라고 믿는 척할 때가 있는데, 이는 종종 **유머**Humour로 나타납니다. 따라서 유머는 아이러니와 대응관계를 이룬다고 할 수 있습니다. 유머와 아이러니는 둘 다 풍자의 형태이지만, 아이러니는 본질적으로 수사적인 반면 유머는 과학적인 면을 갖고 있습니다. 아이러니는 마땅히 있어야 할 선

⊠의 개념으로 우리가 스스로를 고양시키면 시킬수록 두드러지게 나타나는데, 이것이 우리 내면에서 뜨겁게 타오르면 일종의 강력한 수사법이 됩니다. 반면 유머는 우리가 지극히 차가운 무관심 속에서 그것을 세세히 설정하기 위해 실제 존재하는 악⊠의 개념 속으로 더 깊이 내려가면 갈수록 더욱 두드러지게 나타납니다. 여러 작가들 그중에서도 특히 장 파울[89]은 유머가 구체적인 용어와 기술적인 세부 사항과 분명한 사실을 즐겨 사용한다는 점에 주목했습니다. 만일 우리의 분석이 정확하다면, 이는 유머의 돌발적인 특성이 아니라 그 본질이라고 볼 수 있습니다. 유머 작가는 과학자로 변장한 도덕주의자이며, 오로지 우리에게 혐오감을 불러일으키려는 목적만으로 해부실습을 하는 해부학자와도 같은 존재입니다. 따라서 유머는, 지금 우리가 택한 유머라는 단어의 제한된 의미로 볼 때, 도덕적인 것을 과학적인 것으로 전환하는 것이라고 할 수 있습니다.

이 전환된 용어들 간의 간격을 더욱 좁혀나감으로써 이제 우리는 점점 더 전문화된 유형의 희극적 전환을 얻게

---

89   166쪽 주석 84 참고

될 것입니다. 어떤 직업들은 전문 용어를 사용하는데, 일상 속의 생각들을 이런 전문적 용어로 바꾸어 놓음으로써 그간 얼마나 풍부한 희극적 결과를 얻어왔는지요! 사업적 용어를 일상의 사회적 관계로 확장하는 것 또한 희극적입니다. 예를 들어, 라비슈의 작품 속 등장인물들 중 하나가 자신이 받은 초대장을 암시하며 "전월 3일 귀하의 호의"라고 해놓은 문구로, "금월 3일 귀하의 혜택"이라는 상업적 문구를 전환해 놓은 것입니다. 게다가 이런 유형의 희극성이 직업적 습관뿐만 아니라 성격적 결함도 드러내 줄 때에는 나름의 특별한 깊이를 갖게 될 수 있습니다. 〈위선자들[90]〉과 〈브느와통 가족[91]〉 속 장면들에서는 결혼이 마치 사업처럼 다루어지고 감정의 문제는 철저히 상업적인 언어로 표현되고 있지요.

그러나 여기서 우리는 말$_{language}$의 특이점이 성격의 특이점을 확실히 표현해 주는 지점에 다다르게 됩니다. 이에 대한 더 면밀한 연구는 다음 장으로 미루도록 하지요. 예

---

90   159쪽 주석 82를 참고

91   프랑스 극작가 사르두(Victorien Sardou 1831~1908)의 1865년 작품.

상했던 대로, 그리고 앞서 말한 대로, 말의 희극성은 상황의 희극성과 거의 근접하여 따릅니다. 그리고 상황의 희극성과 함께 결국 성격의 희극성으로 합쳐지지요. 말만으로 희극적 효과를 얻는 것은 그것이 인간의 마음 형태에 최대한 가깝게 만들어진 인간의 산물이기 때문입니다. 우리는 말에 우리 삶의 어떤 살아있는 요소가 담겨있다고 느낍니다. 만일 말에 담긴 이 삶이 온전하고 완벽한 것이라면, 그리고 그 안에 고정관념 같은 것은 존재하지 않는다면, 즉 독립적인 유기체로 분리가 불가능한 완전히 통합된 유기체라면, 말은 희극성과는 거리가 멀어집니다. 삶이 완전히 조화를 이루어 마치 잔잔한 호수의 고요한 수면처럼 차분한 사람이 그런 것처럼 말이지요. 하지만 낙엽 몇 장 떠다니지 않는 연못이 없고, 다른 사람을 대할 때뿐만 아니라 자신을 대할 때도 고집스럽게 유지되는 고정된 습관 하나 없는 사람 없듯이, 지극히 섬세하고 생기로 가득하며 삶의 모든 부분에 기민해서 진부한 것을 제거하는 말, 즉 생명이 없는 것을 대하듯 반전과 전환 등의 기계적 작동에 저항하는 말도 존재하지 않습니다.

유연함과 항시 변화하는 것, 살아있는 것, 주의력, 자유로운 활동과 반대되는 것들, 즉 경직성, 상투적인 것, 기계적인 것, 얼빠짐, 다시 말해 자동기계 같은 이러한 것들이 바로 웃음이 교정하고자 하는 결함들이지요. 처음에 우스꽝스러움에 대한 분석을 시작할 때 우리는 이런 관념을 통해 답을 얻을 수 있기를 바랐고, 분석 진행 과정 중 결정적인 순간마다 빛을 비추어 주는 것을 보아 왔습니다. 그 도움을 바탕으로 우리는 이제 더 중요한, 그리고 더욱 유익할 관찰을 시작하려 합니다. 간단히 말해 희극적 성격을 살펴보려는 것입니다. 아니 더 정확히는 성격의 희극성이 가지고 있는 본질적인 조건을 결정하고, 이를 통해 예술의 진짜 본질은 물론 예술과 삶 사이의 일반적인 관계를 보다 잘 이해할 수 있게 되기를 바라는 것이지요.

제3장　　　웃음

— 성격의희극성

1.웃음의 사회적 기능, 극예술과 희극의 차이

지금까지 수많은 구불 길을 따라 희극성을 추적해 오면서 희극성이 형태나 태도, 몸짓, 상황, 동작, 표현 속에 어떻게 스며들어 있는지를 살펴보았습니다. 이제 우리는 희극적 **성격**Characters의 분석이라는 이 연구의 가장 중요한 부분에 다다랐습니다. 만일 우리가 희극성을 눈에 띄는 몇몇 명백한 예만 가지고 규정하고 싶은 유혹을 뿌리치지 못했다면, 이는 가장 어려운 부분이 될 수도 있었을 것입니다. 그랬다면 우리는 희극성이 갖는 가장 고상한 형태를 향해 앞으로 나아가면서도 중요한 사실들이 그것을 담고자 했던 성긴 그물 사이로 빠져나가 버리는 것을 목격해야만 했을 터입니다. 하지만 오히려 그 반대 방향을 택해 고상한 형태부터 밝혀왔지요. 웃음은 사회적 의미와 중요성을 갖고 있고 따라서 희극성은 다른 무엇보다 특별한 사회 부적응성을 표현합니다. 인간을 제외하면 희극적인 것은 존재하지 않는다는 확신을 가지고 우리는 인간과 성격을 주요 연구 대상으로 삼아 왔습니다. 따라서 성격 이외의 것에 대해 어떻게 웃음이 유발되는지, 그리고 희극성이 수정, 결합 혹은 합병을 절묘하게 거치면서 어떻게 단순한 움직임과 비인간적 상황과 독립적 문구 속으로 파고들어 갈 수 있는지를 설명하는 데에 우리는 주로 어려움을 겪었습니다. 이것이 우리가 지금까지 해온 일입니다. 순수한 금속 덩어리로 시작해 그것을 재구성하는 데 온 노력을 기울여온 것이지요. 이제 우리는 이 금속 덩어리를 살펴보려 합니다. 이번에 우리가 다루려는 것은 아주 단순한 요소이므로 이보다 쉬운 일은 없습니다. 이 요소를 면밀히 살펴보고, 다른 것에 어떻게 반응하는지를 알아보도록 합시다.

앞서 말했 듯이, 인식하는 순간 바로 우리의 마음을 동요하게 만드는 감정들이 있습니다. 기쁨이나 슬픔은 공감을 불러일으키고, 격노나 악행은 그것을 보는 이에게 경악과 공포와 동정을 불러일으키지요. 다시 말해 감정은 감정적 반향을 통해 마음에서 마음으로 이어집니다. 이 모든 것이 삶의 본질과 관련이 있지요. 이 모든 것은 진지하고 때로는 비극적이기까지 합니다. 코미디는 이웃의 성격이 더이상 우리에게 영향을 끼치지 않는 바로 그 지점에서만 시작될 수 있습니다. 사회생활에 대한 무감각화라고 불리는 것에서부터 시작되는 것이지요. 주변인들과 굳이 접촉하지 않고 기계적으로 자신만의 길을 가는 사람은 누구나 코믹합니다. 웃음을 통해 어느 정도 그 무심함을 질책하고 그를 자신만의 꿈에서 깨어나게 하는 것이지요. 중요한 것을 하찮은 것에 비유하는 것이 허락된다면, 한 젊은이가 군사학교에 들어갔을 때 벌어질 만한 일들을 떠올려 보면 되겠습니다. 징병검사라는 끔찍한 시련을 통과하고 난 그 청년은 또 다른 시련에 직면하게 됩니다. 그가 시작하게 된 새로운 생활에 그를 적응시키기 위한 목적으로, 또는 소위 '군기를 잡기 위해' 선임들이 준비해 둔 것이지요. 큰 사회 안에 형성된 작은 사회는 막연한 본능

같은 것에 의해 규율이나 '훈련' 수단을 마련합니다. 다른 곳에서 형성된 경직된 습관을 부분적으로 바꾸어 놓으려는 것입니다. 실은 사회라는 것도 이와 똑같은 방식으로 작동합니다. 각 구성원들은 자신의 사회적 환경에 끊임없이 주의를 기울여야 하고, 주변을 자신의 본보기로 삼아야 하지요. 간단히 말해, 자신만의 상아탑에 갇힌 철학자가 그렇듯 자신만의 기이한 성격 안에 스스로를 가두어서는 안 된다는 것입니다. 따라서 사회는 각 구성원들에 대해, 교정의 위협까지는 아니더라도, 어쨌든 심하진 않지만 위협적일 수 있는 냉대를 받을 수 있다는 경고를 계속 주어야 합니다. 웃음의 기능이 바로 이런 것일 테고요. 대상이 된 사람에게는 다소 굴욕감을 주지만, 웃음은 확실히 일종의 사회적 '질책'인 셈입니다.

이런 이유로 희극성의 본질은 애매모호하다고 볼 수 있습니다. 예술에도 완전히 속하지 않으면서 삶에도 완전히 속하지 않지요. 한편, 실제 삶의 인물들은 우리가 극장의 객석에 앉아 무대를 내려다보는 것과 같은 방식으로 그들의 예측불허 행동들을 지켜보지 않는 한 결코 웃음을 유발하지 않습니다. 그들이 우리 눈에 희극적으로 보이는 이유는 그저 그들이 우리 앞에서 일종의 희극을 보여주기 때문이지요. 그러나 다른 한편으로는 웃음이 유발하는 기쁨은 무대 위에서 연출된 것이라 하더라도 순수한 즐거움이 아닙니다. 오로지 미적이면서 완전히 이해관계를 초월한 즐거움이 아닌 것이지요. 웃음은 늘 우리 각 개인은 아니더라도 사회가 대체로 품고 있는 비밀이나 의식하지 않은 의도를 암시해 줍니다. 웃음에서 늘 우리는 이웃을 깔아뭉개려는, 그리고 그렇게 함으로써 이웃의 의지까지는 아니더라도 행동만큼은 교정하려는, 뭐라 단언하기 힘든 의도를 발견합니다. 희극이 비극보다 훨씬 더 현실에 가까운 이유가 바로 이것입니다. 비극이 극적일수록, 그 비극적 요소를 다른 것이 섞이지 않은 순수한 상태로 얻기 위해 작가가 일상의 재료를 가지고 행하는 분석은 심오해집니다. 이와는 대조적으로 희극의 수준이 높을수록 실제 삶에 가깝습니다. 보다 낮은 수준의 작품, 즉 가벼운 희극과 익살극에서는 희극이 현실과 다르게 표현되지만요. 사실 고급 희극에 너무 가까워서 말 한마디 바꾸지 않고 그대로 무대에 올려도 될 법한 장면들을 현실에서 많이 볼 수 있습니다.

따라서 무대 위 희극적 성격의 요소와 실제 삶의 성격적 요소는 같다는 결론이 나옵니다. 그렇다면 그 요소들은 어떤 것일까요? 우리는 그것들을 어렵지 않게 추정해 볼 수 있을 것입니다. 흔히 말하길, 우리를 웃게 만드는 것은 다른 사람의 **가벼운** 결점이라고 하지요.

분명 이 의견은 상당 부분 진실이라고 볼 수 있지만, 전부 맞는다고는 볼 수 없습니다. 우선, 결점과 관련하여 가벼운 것과 심각한 것을 구분하기가 쉽지 않습니다. 결점이 가벼워서 우리가 웃는 것이 아니라, 우리가 그 결점을 가볍다고 생각하기 때문에 웃는 것일 수도 있기 때문입니다. 웃음만큼 우리를 무장해제시켜 주는 것은 없으니까요. 하지만 여기서 조금 더 나아가, 심각한 것임을 충분히 인지하면서도 웃게 되는 결점들이 있다고 주장할 수도 있습니다. 예를 들면, 아르파공[92]의 탐욕스러움 같은 것이지요. 그 다음으로는, 썩 내키지는 않지만, 다른 사람의 결점뿐만 아니라 때로는 그들의 장점을 보고 웃을 때도 있음을 인정해야 합니다. 알세스트[93]를 보고 웃듯이 말

92   몰리에르의 희극 <수전노>의 주인공. 39쪽 주석 12 참고.
93   몰리에르의 희극 <인간 혐오자>의 주인공. 111쪽 주석 52를 보라.

이지요. 웃음을 유발하는 것이 알세스트의 진지함이 아니라 그 진지함이 띠고 있는 유별난 측면, 즉 우리가 보기에 그 진지함을 해치는 듯한 일종의 기이함 때문이라는 반대 주장도 있을 수 있겠지요. 동의하는 바입니다. 하지만 그렇다 하더라도 우리가 웃게 되는 알세스트의 기이함이 **그의 진지함을 우스꽝스럽게 만든다**는 것, 그리고 그점이 중요하다는 것은 사실이지요. 그러므로 우리는 우스꽝스러움이 도덕적 의미에서 늘 결점을 암시하는 것은 아니라는 결론을 내릴 수 있습니다. 혹 비평가들이 그 우스꽝스러움에서 아주 사소한 것이라도 굳이 결점을 보고자 한다면, 사소한 결점과 진지한 결점을 어떻게 정확히 구별해 낼지 알려주어야 합니다.

엄밀하게 말하자면 희극적 성격은 엄격한 도덕성과 꽤 부합하는 면이 있습니다. 희극성이 해결해야 할 당면한 문제는 사회와 화합하는 일이지요. 알세스트는 성격적으로 철저히 정직한 사람입니다. 하지만 그는 비사교적이고, 바로 이 점이 그를 우스꽝스럽게 만드는 것이지요. 융통성 있는 악덕보다 융통성 없는 미덕이 웃음거리 되기가 쉽습니다. 사회가 수상하게 여기는 것은 바로 이런 경직성이지요. 따라서 여기서 우리를 웃게 만드는 것은 알세스트의 경직성입니다. 그것이 정직함을 대변하는 것이라 하더라도 말이지요. 스스로 고립되는 사람은 웃음을 사기 쉽습니다. 희극성이란 대체로 바로 이런 고립으로 구성되어 있기 때문입니다. 이는 희극성이 사회적 예의범절이나 관념에 얼마나 큰 영향을 받는가를 설명해 줍니다. 직설적으로 표현하자면 편견에 좌우된다고 말할 수 있겠지요.

그러나 인류의 명예를 위해 이것만은 인정해야 할 것 같습니다. 사회적인 이상과 규칙 사이에 본질적인 차이점은 없으며, 우리를 웃게 만드는 것은 다른 사람의 결점이라는 것을 말이지요. 다만 **비도덕성**보다는 **비사회성**이 웃음을 사는 이유라는 사실을 덧붙여야겠습니다. 그렇다면, 우스꽝스럽게 받아들여질 수 있는 결점이란 무엇일까요? 그리고 어떤 상황에서 우리는 그것이 그저 웃어넘기기에는 너무 심각하다고 여기게 되는 것일까요?

이 질문에 대해 우리는 이미 은연중에 답을 제시했습니다. 희극성은 다름 아닌 지성에 호소하며, 웃음은 감정과는 양립할 수 없다는 것이었지요. 아무리 사소한 것이라 하더라도 연민이나 두려움, 동정 등을 불러일으키는 방식으로 결점을 묘사하면, 장난기는 사라지고 우리는 웃을 수가 없게 됩니다. 반대로 일반적으로 끔찍스럽다고 할 정도의 노골적인 악덕은 적절한 장치만 동원한다면 우리의 감정은 건드리지 않은 채 우스꽝스럽게만 보이도록 만들 수 있습니다. 그렇다고 해서 그 악덕이 반드시 우스꽝스러워진다는 것은 아닙니다. 그저 우스꽝스러워질 가능성이 있다는 얘기입니다. **감정을 불러일으켜서는 안 된다**는 것, 이것이 실제로 필요한 단 하나의 필수조건입니다. 충분조건은 아니라 하더라도 말이지요.

그렇다면 우리의 감정이 동요하는 것을 막기 위해 희극작가는 어떤 노력을 할까요? 난처한 질문이지요. 이 질문에 충분히 답을 하려면, 조금 새로운 차원의 연구를 시작해야 할 것 같습니다. 이를 통해 우리가 극장에서 느끼는 인위적 공감을 분석하고, 어떤 상황에서 우리가 상상의 기쁨과 슬픔을 공유하고 또 거부하는지를 밝히고자 합니다. 최면에 걸린 사람에게 하듯이 감정을 달래어 꿈을 꾸며 잠들게 하는 기술이 있고, 공감이 일어나는 바로 그 순간 찬물을 끼얹어 아무리 심각한 상황이라도 심각하지 않게 받아들이게 만드는 기술도 있습니다. 이 두 번째 기술은 희극 작가가 다소 무의식적으로 적용하는 두 가지의 기법에 의해 좌우되는 것처럼 보이는데, 그 첫 번째 기법은 해당 인물의 마음에서 그가 느끼는 감정을 **격리**시켜 그것을 소위 독립적 존재에 기생하는 유기체로 만드는 것입니다. 일반적으로 강렬한 감정은 모든 정신 상태에 성공적으로 잠식해 들어가 그것들을 그 특유의 색조로 물들입니다. 따라서 만일 이 점진적인 물듦을 목격하게 되면 우리도 결국 그에 상응하는 감정에 빠져들게 됩니다. 다른 이미지로 설명하자면, 감정은 그 안에 담긴 모든 화음이 기본음과 함께 들릴 때 극적이면서 멀리 퍼져나가기 쉬운 것과 같다고 할 수 있습니다. 관객들이 전율을 느끼는 것은 배우가 몸과 마음을 다해 전율을 느끼기 때문입니다. 이와는 반대로, 우리를 무심하게 만들어 희극성을 불러일으키는 감정에는 늘 일종의 경직성이 존재합니다. 이 경직성 때문에 전율은 마음의 다른 감정들과 관계를 맺지 못하게 되는 것이지요. 이 경직성은 시기가 오면 꼭두각시 인형 같은 움직임으로 드러나 웃음을 불러일으킵니다. 하지만 그 전에 이미 우리의 공감을 다른 데로 돌려놓은 다음이지요. 스스로도 조화를 이루지 못하는 영혼과 우리가 어떻게 조화를 이룰 수 있을까요? 몰리에르의 희극 〈수전노〉[94]에서 우리는 비극에 가까운 장면 하나를 볼 수 있습니다. 고리대금업자와 돈을 빌리려는 사람이 첫 대면에 부자지간임을 알게 되는 장면입니다. 만일 아르파공의 마음속에서 탐욕과 부정이 어느 정도 독창적인 조합을 이루었더라면, 우리는 여기에서 진짜 비극을 맛볼 수도 있었을 것입니다. 하지만 그렇지 않았지요. 대면이 끝나자마자 그 아버지는 모든 것을 잊습니다. 아들을 다시 만나는 장면에서는 그 진지했던 대면 순간을 슬쩍 흘리듯 말하고 말지요. "어이, 아들, 나는 그래도 네가 요즘 저지른 짓을 용서해 줄 정도는 된다." 이렇게 탐욕은 다른 모든 감정들과의 교류를 거부한 채 **무심하게** 스치듯 지나가 버립니다. 마음을 차지하고 앉아 주인행세를 하지만, 여전히 낯선 존재일 뿐이지요. 비극적 종류의 탐욕은 이와는 완전히 다를 것입니다. 우리는 그것이 인간의 온갖 에너지를 끌어들이고 흡수한 후 변형시켜 완전한 동화를 이룬다는 것을 알지요. 감정과 애정, 호와 불호, 악덕과 미덕, 이 모든 것은 탐욕이 새로운 종

94　39쪽 주석 12 참고.

류의 생명력을 불어넣어 줄 대상이 될 것입니다. 이것이 바로 고급 희극과 비극drama의 첫 번째 본질적 차이점이라고 볼 수 있을 것 같습니다.

두 번째 차이점도 있습니다. 첫 번째 차이점에 기인한 것으로, 훨씬 더 분명하지요. 어떤 정신 상태가 극적 연출을 위해, 혹은 그저 진지한 분위기를 조장하기 위한 목적으로 묘사될 때, 그 정신 상태는 그 대단함을 내보여 줄 실제 척도를 제공하는 **행위들**로 점차 구체화됩니다. 따라서 수전노는 평생을 부를 얻는 데 쏟아붓고, 독실한 체하는 위선자는 천국만을 바라보고 있는 척하지만 누구보다 교묘하게 그 아래 세상을 목표로 합니다. 확실히 희극은 이런 종류의 계산을 차단하지 않습니다. 타르튀프[95]의 권모술수만 봐도 알 수 있지요. 하지만 이는 희극이 비극과 공통으로 갖고 있는 측면입니다. 비극과 거리를 두고 심각한 행동을 심각하게 받아들이지 않도록 하기 위해, 그리고 우리를 웃음에 대비하게 만들기 위해 희극이 사용하는 수법이 하나 있습니다. 바로 다음과 같은 공식이지요.

---

95   몰리에르 희극 1664년작 <타르튀프>의 주인공. 109쪽 주석 49를 참고.

— **희극은 행위보다는 몸짓에 우리의 관심을 집중시킨다.** 여기서의 **몸짓**_{Gestures}이란 태도를 의미하며, 정신이 어떤 목적이나 이익 없이 그저 일종의 내적 동기 때문에 외부로 표현하는 움직임이나 언어까지 여기에 포함됩니다. 이렇게 정의되는 몸짓은 행위와는 완전히 다릅니다. 행위는 의도적으로 이루어지는 것으로, 어쨌든 의식적이지요. 하지만 몸짓은 무의식적으로, 저절로 흘러나옵니다. 행위에는 그 행위자가 완전히 관여되어 있지만, 몸짓은 그 사람의 고립된 일부, 즉 행위자의 인격이 전혀 알지 못하는, 적어도 그것과 분리되어 있는 것이 표현되지요. 마지막이자 가장 본질적인 차이점은, 행위는 그것을 불러일으키는 감정과 정확히 비례한다는 것입니다. 감정에서 행위로의 전이는 서서히 이루어지는데, 그 경로를 따라 우리의 공감이나 혐오감이 미끄러지듯 전달되면서 흥미도 점차 커지게 됩니다. 그러나 몸짓의 경우에는 뭔가 폭발적인 것이 있지요. 그것은 막 달래어 잠들게 하려는 순간 우리의 감성을 깨워 일으킴으로써 우리가 문제를 진지하게 받아들이는 것을 방해합니다. 이런 식으로 우리의 주의력이 행위가 아닌 몸짓에 고정되는 순간, 우리는 희극의 영역에 발을 들인 셈이 됩니다. 타르튀프의 행위만을 보자

면 비극에 해당합니다. 그가 희극적으로 느껴질 때는 오로지 우리가 그의 몸짓에 주목할 때뿐입니다. 그가 무대에 등장할 때 한 말을 떠올려 보세요. "로랑, 내 수행복을 채찍으로 여며주게." 그는 도린[96]이 듣고 있음을 알고 있지요. 하지만 설사 그녀가 없었더라도 똑같이 말했을 것이 틀림없습니다. 그는 위선자 역할에 완전히 몰입되어 거의 진심으로 연기하고 있지요. 이런 방식으로, 아니 오로지 이런 방식으로만 그는 희극적이 될 수 있습니다. 이런 주목할 만한 진심이 없다면, 위선자로서의 오랜 경험이 자연스러운 몸짓으로 변형된 언어와 태도가 아니라면, 타르튀프는 그저 혐오스러운 인물에 지나지 않습니다. 왜냐하면 우리는 오로지 그의 행동이 의미하고 의도하는 것만을 받아들일 테니까요. 따라서 우리는 행위가 왜 비극에서는 필수적인지, 그리고 왜 희극에서는 부수적인 것에 지나지 않는지 알 수 있습니다. 희극이라면 어느 한 인물을 소개하기 위해 다른 어떤 상황을 선택해도 괜찮았으리라는 생각이 듭니다. 상황은 달라도 그는 여전히 같은 사람일 테니까요. 하지만 우리는 이런 인상을 비극에

---

96   도린은 타르튀프에 속고 있는 오르공 집안의 하녀. 비꼬기와 과장된 말을 한다. 로랑은 타르튀프의 하인. 주석 49를 참고.

서는 받지 못합니다. 비극 속의 인물과 상황들은 견고하게 서로 결합되어 있지요. 더 정확히 말하자면 사건과 인물은 함께 극의 본질적인 부분을 구성하고 있다고 볼 수 있습니다. 따라서 배우들의 이름을 바꾸지 않더라도 전하는 이야기가 달라진다면, 우리는 실제로 그들을 다른 인물들로 인식하게 됩니다.

요약해서 말하자면, 인물의 성격이 좋은지 나쁜지는 거의 중요하지 않습니다. 다만 비사회적인 인물일 때 희극적이 될 가능성이 있다는 것입니다. 이제 우리는 상황의 심각함도 전혀 중요하지 않음을 알게 됐습니다. 우리의 감정을 불러일으키지만 않는다면 심각한 상황이든 사소한 상황이든 여전히 우리는 그것을 보고 웃을 수 있지요. 한마디로 인물의 비사회성과 관객의 무심함, 이것이 본질적인 두 가지 조건입니다. 여기에 세 번째 조건이 또 있습니다. 앞의 두 조건에 내재되어 있으면서 지금까지 우리가 분석을 통해 밝히고자 했던 목표이기도 합니다.

이 세 번째 조건은 바로 자동기계입니다. 이 연구를 처음 시작할 때부터 지적했었고, 계속해서 다음의 법칙에 주목해 왔지요. 기계적으로 행해지는 것은 본질적으로 우스꽝스럽다라는 법칙이 바로 그것입니다. 악덕은 물론 미덕에서조차도 희극성은 해당 인물이 자신도 모르게 본성을 드러내게 만드는 요소로서 본의 아닌 몸짓이나 무의식적인 말 등이 이에 해당됩니다. 얼빠짐은 늘 웃음을 불러일으킵니다. 사실 얼빠짐 상태가 심할수록 희극의 질은 높아지지요. 돈키호테의 경우처럼 총체적인 얼빠짐은 상상으로 만들어 낼 수 있는 희극성 중 가장 높은 수준의 것입니다. 가능한 한 희극성의 원천에서 가장 가까운 곳에서 뽑아낸 희극성 그 자체라고 할 수 있지요. 다른 희극적 인물을 아무나 살펴 보세요. 그가 아무리 무의적으로 말하고 행동한다 하더라도 그 자신이 의식하지 못하는 측면, 즉 본성 중 그가 간과하고 있는 부분이 없다면 그는 결코 희극적일 수가 없습니다. 오직 이런 면만이 그를 우스꽝스러운 인물로 만들어 주지요. (익살꾼이 자기 자신에 대해 웃는다면 그는 사실상 두 가지의 역할을 동시에 하고 있는 셈입니다. 의식적으로 웃고 있는 역할과 무의식적으로 웃음을 당하는 역할이 바로 그것입니다.) 어떤 말의 희극성이 극대화되려면 그것은 악덕이 오롯이 드러난 솔직한 말이어야 합니다. 그러니 자신의 악덕을 제대로 파악할 수 있다면 그것을 오롯이 드러내기는 힘든 일이겠지요. 희극적인 인물은 어떤 행동을 일반적인 말로 비난하고는 곧바로 그런 행동을 따라하는 경우가 드물지 않습니다. 예를 들어, 주르댕[97] 씨의 철학 선생은 분노에 대해 독설을 내뱉고는 벌컥 화를 냅니다. 바디우스[98]는 시를 읽는 사람들을 조롱하고는 자기 주머니에서 시를 꺼내지요. 이런 모순된 행동은 우리에게 그들의 무의식적 망각을 보여주려는 것 외에 어떤 목적이 있을까요? 자신에 대해 부주의함으로 인해 결국 타인에 대해서도 부주의하게 되는 것이 늘 우리가 발견하는 요소입니다. 그리고 이 문제를 면밀히 살펴보면 이런 부주의함은 우리가 비사회성이라고 말하는 것과 같은 것임을 알 수 있습니다. 경직성의 주요 원인은 주위, 특히나 자기 자신을 둘러보지 않기 때문입니다. 자신뿐만 아니라 남들에 대해 살피지 않는데 어떻게 자신의 성격을 다른 사람에게 맞출 수 있을까요? 경직성과 자동기계와 얼빠짐, 그리고 비사회성은 모두 서로 밀접하게 얽혀 있으며, 성격의 희극성을 만들어 내는

---

97   몰리에르의 발레 희극 <서민 귀족>(1670)의 주인공. 244쪽 주석 114를 참고.

98   몰리에르의 희극 <학식을 뽐내는 여인들>(1672)에 나오는 등장인물.

재료입니다.

한마디로 인간의 성격을 다룰 때 우리의 감수성을 불러
일으키거나 감정에 호소하는 부분을 한쪽으로 치워 둔다
면, 나머지는 모두 희극적이 될 수 있으며 그 희극성은 경
직성과 정비례할 것입니다. 앞서 연구를 시작할 때 정의
내린 바 있는 공식이지요. 주요 결과를 통해 확인했고, 방
금 희극성을 정의하면서 적용해 보았습니다. 이제 좀 더
가까이 들여다보면서 이것이 모든 예술 가운데 희극성이
차지하고 있는 정확한 위치를 찾는 데 얼마나 도움이 되
는지 알아 보도록 하겠습니다. 어떤 의미에서 모든 성격
은 희극적이라고 말할 수 있습니다. 우리가 말하는 성격
이라는 것이 우리 안에 이미 만들어져 있는 것, 즉 딱 한
번 태엽이 감아져 자동으로 작동하게 되어 있는 시계 같
은 것이라고 한다면 말이지요. 말하자면 성격은 우리로
하여금 자기 자신을 모방하도록 합니다. 그리고 바로 이
런 이유로 다른 사람이 우리를 모방하게도 하지요. 희극
적인 인물들은 각자가 모두 하나의 유형입니다. 이와 반
대로 어떤 유형을 닮은 것에도 그 안에 희극적인 요소가
들어 있습니다. 아무런 웃음거리를 발견하지 못한 채 오

랫동안 알고지낸 사람이라도 우연히 그와 닮은 소설이나 드라마의 유명한 주인공 이름으로 그를 부른다면, 잠시 뿐이라 하더라도 그는 우리의 눈에 우스꽝스럽게 느껴질 것입니다. 그 주인공이 웃긴 인물이라서가 아니라, 그와 닮았다는 게 웃긴 것입니다. 자기 자신으로부터 떨어져 나오는 것은 희극적입니다. 기존에 있던 카테고리 안에 자신을 집어넣는 것도 희극적이지요. 무엇보다 가장 희극적인 것은 준비된 틀처럼 다른 사람들이 들어갈 카테고리 그 자체가 되는 겁니다. 즉 어떤 성격의 결정체가 되는 것이지요.

따라서 성격들을 묘사하는 것, 다시 말하면 성격의 전형들을 묘사하는 것이 고급 희극의 목표입니다. 흔히들 그렇게 말해 왔지요. 다시 반복해도 좋고요. 그 이유는 희극을 정의하는 말로 이보다 적절한 게 없기 때문입니다. 희극이 성격의 전형들을 제시해 준다는 것에 덧붙이자면, 희극은 모든 예술 중에서 그 전형을 목표로 삼는 **유일한** 예술입니다. 일단 이 목표가 희극에 부여되고 보니 우리는 희극에 대한 모든 것과 희극을 뺀 예술이 할 수 없는 모든 것을 이야기한 셈입니다. 이것이 희극의 진정한 본질임을 밝히기 위해, 그리고 이런 점이 비극이나 드라마 등 다른 예술 형태와 어떻게 다른지를 밝히기 위해, 우리는 더 높은 수준의 예술 형태부터 정의해 나가야 합니다. 그런 다음 점차 희극으로 내려와 희극이 예술과 삶 사이의 경계에 놓여 있다는 사실, 그리고 그 소재가 일반적이라는 점에서 나머지 예술과 대조를 이룬다는 사실을 밝혀낼 것입니다. 이토록 방대한 연구 주제에 곧바로 돌입하기는 힘들겠지만, 희극 무대의 본질적인 것을 간과하지 않기 위해 그 개요만큼은 제시할 필요가 있을 것 같습니다.

예술의 대상은 무엇일까요? 만일 실재가 감각과 의식에 직접적으로 와닿을 수 있고, 우리 자신이 사물과 직접 소통할 수 있다면, 아마도 예술은 쓸모가 없겠지요. 아니면 우리 모두가 예술가가 될 겁니다. 그때는 우리의 정신이 자연과 완벽하게 일치하여 끊임없이 감동할 테니까요. 우리의 눈은 기억을 끄집어 내서는 아무도 흉내 낼 수 없는 그림들을 공간에서 잘라낸 다음 시간 속에 고정시켜 놓을 겁니다. 인간을 닮은 살아있는 대리석 조각들은 고대 조각상처럼 지나가는 시선을 붙잡을 테지요. 우리는 영혼 깊은 곳에서 끊임없이 이어지는 선율을 들을 것입니다. 그 음악은 명랑하겠지요. 아니 더 애처롭겠지요. 언제나 새로울 것입니다. 이 모든 것이 우리 주위에 있고 우리 안에 있습니다. 그러나 우리는 이것들을 조금도 분명하게 알아채지 못합니다. 그 까닭은 자연과 인간, 아니 인간과 인간의 의식 사이에 일종의 베일이 드리워져 있기 때문입니다. 보통 사람들에게는 너무 두껍고 불투명한 베일입니다. 하지만 예술가나 시인에게는 얇고 거의 투명하게 느껴집니다. 어떤 요정이 이 베일을 짠 것일까요? 악의였을까요, 아니면 선의였을까요? 우리는 살아가야 합니다. 그리고 삶은 우리가 우리들 필요에 따라 사물을 파악하기를 요구합니다. 삶은 행하는 것이지요. 삶은 사물의 **유용한** 면만을 받아들여 적절한 반응으로 대응하는 겁니다. 그 외의 다른 인상들은 모두 흐릿해집니다. 희미하고 모호한 상태로 우리에게 다가오지요. 나는 봅니다. 그리고 내가 보고 있다고 생각합니다. 나는 듣습니다. 그리고 내가 듣고 있다고 생각합니다. 나는 스스로를 성찰합니다. 그러고는 내가 내 마음의 심층을 읽고 있다고 생각합니다. 그러나 내가 외부 세계를 보고 듣는 것은 그저 순전히 내가 하려는 일에 빛을 비추는 내 감각이 만들어 낸 부분입니다. 나 자신에 대해 내가 아는 건 내 행동들에 관여한 피상적인 것이지요. 따라서 우리의 감각과 의식은 실재를 실용적으로 단순화시켜 주는 것에 지나지 않습니다. 감각과 의식이 나 자신과 사물들을 만들어 내는 환영 속에서 우리와 달라 무용한 것들은 말소되고, 우리와 닮아 유용한 것들은 강조됩니다. 우리가 가야할 길을 먼저 찾아내어 그 길을 따라 행동이 이루어지도록 하는 것이지요. 이 길들은 앞선 인류가 먼저 걸어간 길이기도 합니다. 사물은 우리가 그것들로부터 추출해 낼 수 있는 소용에 비추어 분류되어 왔고, 우리가 사물의 색이나 형태보다 훨씬 더 분명하게 인식하는 것도 바로 이 분류입니다. 이런 관점에서 인간은 하위 동물들보다 대단히 뛰어난 것이 확실합니다. 늑대의 눈은 어린아이와 양을 구분할 수 없을 가능성이 큽니다. 둘 다 늑대에게는 그저 즉각 잡아먹기에 좋은 사냥감으로 보이겠지요. 우리 인간은 염소와 양을 구분합니다. 하지만 양마다, 염소마다 다른 것을 알아챌 수 있을까요? 어떤 사물이나 존재의 **개별적 특성**은 실제로 그것을 인지하는 것이 우리에게 유리하게 작용하지 않는 한 눈에 띄지 않습니다. 어떤 사람을 다른 사람과 구분할 때처럼 설사 우리가 인지한다 하더라도, 우리의 눈을 사로잡는 것은 색과 형태의 완전히 독특한 조화 등 개별적 특성 그 자체가 아니라 실질적인 인식을 보다 쉽게 만들어주는 한두 가지 특징에 불과합니다.

간단히 말해 우리가 보는 것은 실제 사물 그 자체가 아닙니다. 대부분의 경우 그것에 부착된 꼬리표를 읽는 데 그치고 말지요. 필요로 인해 생겨나는 이러한 경향은 말의 영향 하에 더욱 두드러지게 나타나는데, 그 이유는 (고유명사를 제외하고는) 말이란 모두 일종의 류⊠를 나타내는 개념이기 때문입니다. 사물의 가장 일상적인 기능과 일반적인 측면만을 나타낼 뿐인 단어가 사물과 우리 사이에 개입합니다. 만일 그 단어를 처음 존재하게 만든 필요성에 단어의 형태가 이미 가려져 있는 게 아니라면, 단어는 그 형태를 우리의 시야에 띄지 않게 숨습니다. 외부의 사물뿐만 아니라 우리의 정신 상태까지도 우리 자신으로부터 가려져 그 가장 깊숙이 자리한 개인적 측면, 그들이 영유하고 있는 원래의 삶에 자리합니다. 사랑이나 증오를 느낄 때, 기쁘거나 슬플 때, 수시로 변하는 수많은 의미의 차이들과 그것들을 완전히 우리만의 것으로 만들어 주는 깊은 반향과 함께 우리의 의식에 와 닿는 것이 정말 그 감정 자체가 맞을까요? 그렇다면 우리는 모두 소설가나 시인, 음악가여야 합니다. 하지만 우리는 대부분 우리의 정신 상태에 대해 표면적으로 드러난 부분만을 인식하지요. 우리가 포착하는 것은 우리가 느끼는 감정의 비개인적인 측면일 뿐입니다. 이 비개인적인 측면은 동일한 조건에서는 누구에게서나 거의 동일하게 나타나기 때문에, 말로 분명히 표현할 수 있습니다. 따라서 우리 자신에 있어서도 비개인성은 우리의 시야에서 벗어나 있지요. 우리는 일반적인 것들과 상징들로 둘러싸여 있습니다. 마치 마상 경기장 안에서 우리 병력이 다른 병력에 맞서 효과적으로 겨루고 있는 것 같은 상황입니다. 그리고 우리는 행동에 매료되고 설득되어 우리 자신의 이익을 위해 그것이 선택한 영역에 살고 있는 것입니다. 사물에 속한 것도 아니고 우리 자신에게 속한 것도 아닌, 즉 사물과 우리 자신 사이에 자리한 영역 말이지요.

그러나 본성은 때때로 얼빠짐 상태에서 삶에 무심한 마음들을 불러일으킵니다. 이것은 심사숙고와 철학의 결과로 나타나는 의도적이고 논리적이며 체계적인 객관성이라기보다는 자연스럽게 나타나는 객관성입니다. 감각이나 의식의 구조 안에 선천적으로 타고나는 것이며, 순수하게 보고, 듣고, 생각하는 방식을 통해 자신을 드러내는 것입니다. 만일 이 객관성이 완벽한 것이라면 정신은 더 이상 특정 인식에 따른 행동을 고수하지 않겠지요. 그 정신은 세계 역사상 한 번도 등장한 적 없는 예술가의 정신일 것입니다. 모든 예술에서 탁월할 것이고, 심지어 모든 예술을 하나로 융화시킬 것입니다. 물질세계의 형태와 색과 소리뿐만 아니라 정신세계의 지극히 미묘한 움직임에까지 이르는 이 모든 것을 본연의 순수함으로 감지할 것입니다. 하지만 그건 자연에 너무 무리한 요구를 하는 게 아닐까요? 설사 우리들 중 누군가를 예술가로 만들었다 하더라도 그것은 사물과 우리를 가로막고 있던 베일을 우연히 걷어 올렸기 때문일 것이고, 그나마도 한쪽만 걷어 올린 것이겠지요. 필요성을 지각하게 만드는 것을 한쪽에서만 잊은 겁니다. 각각의 방향은 우리가 감각이라고 부르는 것과 일치하며, 예술가는 바로 그가 가지고 있는 감각들 중 하나, 오로지 그 하나만을 가지고 작품을 만들어 냅니다. 이런 이유 때문에 예술이 다양한 것이지요. 소질마다 특별한 것도 이런 이유일 테고요. 이 경우 예술가는 색과 형태에 전념합니다. 색 그 자체, 형태 그 자체를 사랑하기 때문에, 그리고 그 자신을 위해서가 아니라 색과 형태 그 자체로 인식하기 때문에, 그 색과 형태들을 통해 그가 인식하는 것은 사물의 내적 세계입니다. 처음에는 당황하더라도 조금씩 인식할 수 있도록 우리에게 암시해 주지요. 우리와 실재 사이에 놓인 형태와 색에 대한 편견을 잠시나마 없애 줍니다. 그리고 그렇게 함으로써 예술의 지고한 포부를 실현시킵니다. 바로 자연을 우리에게 드러내 보여주는 것입니다. 반대로 어떤 이들은 자기 자신 속으로 숨어듭니다. 밖으로 드러나는 가시적인 감정의 표현인 수천 가지의 기본적인 행동들 아래에, 그리고 개인의 정신 상태를 드러내 주기도 하고 감춰 주기도 하는 일상적이고 평범한 표정들 뒤에 숨은 채, 그들은 때 묻지 않은 본질적인 감정, 즉 본래의 기분에 이르고자 합니다. 그런 다음에는 우리도 그와 같은 노력을 하도록 유도하기 위해 자신들이 본 것을 우리도 보게 만들 방법을 강구합니다:

이를테면 단어들을 리듬감 있게 배열해 체계적으로 나름의 생기를 갖게 함으로써 말로는 표현할 수 없는 것들을 말해 주고자, 아니 암시해 주고자 합니다. 또 어떤 이들은 더 깊이 파고듭니다. 필요할 경우에는 말로 표현할 수 있는 이런 기쁨과 슬픔의 감정에서 언어와 아무 관계없는 그 무엇, 즉 마음 깊은 곳의 감정보다는 사람에게 더 가까운 삶의 리듬과 호흡을 포착합니다. 이는 열정과 절망, 희망과 후회 등 살아있는 법칙으로, 사람마다 다릅니다. 이 음악을 내보내고 강조함으로써 그들은 우리의 관심을 불러일으킵니다. 우리로 하여금 마치 춤을 추는 사람들 곁을 지나다 우연히 함께 어울리는 행인들처럼 기꺼이 그것에 빠져들게 만듭니다. 그리고 그렇게 함으로써 우리의 내면 깊숙한 곳에서 오직 흔들릴 순간만을 고대하고 있는 비밀스러운 감정을 이끌어내도록 하는 것입니다. 따라서 회화든, 조각이든, 시든, 음악이든, 예술의 목적은 실용적인 상징들을, 즉 관습적으로나 사회적으로 받아들여진 일반성을, 다시 말해 리얼리티를 보지 못하게 하는 모든 것을 없앰으로써 우리로 하여금 리얼리티 그 자체를 직면하게 하는 것입니다. 사실주의와 이상주의 사이에서 벌어진 예술 논쟁은 바로 이 점에 대한 오해 때문에 생겨났습니다. 분명 예술은 리얼리티를 보다 직접적으로 그려낸 환영입니다. 하지만 이런 리얼리티에 대한 순수한 인식은 실용주의적 관습과의 단절을, 감각이나 의식의 선천적이면서 국부적으로 나타나는 무심함을, 다시 말해 언제나 이상주의라고 불리던 삶의 비물질성을 함축하고 있습니다. 따라서 이상주의가 정신 안에 있는 것이라면 리얼리티는 작품 안에 있다고 말할 수 있겠습니다. 그리고 오직 이상주의를 통해서만 리얼리티와 다시 만날 수 있노라고도 말할 수 있습니다.

극예술도 이런 법칙에서 예외가 아닙니다. 비극$_{drama}$이 찾아내어 밝히고자 하는 것은 삶의 필연성에 의해 종종 우리의 이해관계 속에 깊숙이 자리 잡고 있으면서도 우리에게 분명하게 드러나지 않는 리얼리티입니다. 이 리얼리티란 무엇일까요? 삶의 필연성은 또 무엇인가요? 시는 언제나 내면의 상태를 표현합니다. 하지만 이런 내면의 상태 가운데 어떤 것은 다른 이들과의 접촉을 통해 주로 생겨나고, 무엇보다 강렬하고 극단적입니다. 서로 반대전극의 전기가 콘덴서의 두 극판 사이에서 서로를 끌어당기다 누적되면 불꽃이 일어나는 것처럼, 사람들을 한데 모아놓기만 해도 강렬한 끌림과 거부감이 생겨나 균형이 완전히 무너지게 됩니다. 한마디로 열정이라고 알려진 정신의 감전 상태가 되는 것이지요. 사람이 자연스럽게 일어나는 충동적인 감정에 치우친다면, 그리고 사회적 법규나 도덕률이 존재하지 않는다면, 이러한 격렬한 감정의 분출은 삶에서 일상적으로 일어나는 일이 될 것입니다. 하지만 공공의 이익을 위해 이러한 충동은 미리 예측해 미연에 방지되어야 하지요. 사람은 사회 안에서 살아야 합니다. 따라서 규칙을 지켜야 하고요. 이는 이해관계가 권하고 이성이 요구하는 바이기도 합니다. 당연히 해야 할 일이고, 우리는 그 요구에 응해야 합니다. 이런 이중의 영향력 아래에서 부득이 감정과 관념의 표층이 형성되었습니다. 모든 인간에게 영속적이고 똑같이 되려는 이런 감정과 관념은 개인적인 열정이 만들어 내는 내적 불꽃을 잠재우지 못하면 그것을 덮어버리려고 합니다. 보다 평화로운 사회생활을 향해 인류가 더디게 진보하는 동안 이 표층은 점차 단단해졌습니다. 우리 지구의 삶이 펄펄 끓는 금속 덩어리를 차갑고 딱딱한 껍질로 덮기 위한 오랜 노력이었듯이 말이지요. 하지만 화산은 폭발합니다. 그리고 지구가 만일 신화에서 말하는 살아있는 존재라면, 화산 활동을 하지 않는다 해도 가장 깊숙이 품고 있는 본성을 회복할 갑작스러운 폭발을 꿈꾸고 있는지도 모릅니다. 비극이 우리에게 제공해 주는 즐거움이 바로 이런 것입니다. 이성과 사회가 우리를 위해 마련해 놓은 조용하고 단조로운 삶 그 아래에 존재하는, 다행히 아직 폭발하지는 않았지만 그 내적인 긴장이 느껴지는 우리 안의 어떤 것을 자극합니다. 비극은 자연이 사회에 복수할 기회를 제공해 주는 겁니다. 때로는 곧장 목표를 향해 나아가며 대변혁을 일으키는 열정을 심층에서 표층으로 불러일으키고, 또 때로는 현대의 비극에서 종종 볼 수 있듯 옆길로 새기도 합니다. 종종 궤변술을 동원해 사회의 모순을 들추어 내기도 하고, 사회법의 허위와 케케묵은 원칙을 과장해서 보여주기도 하지요. 외부 껍질을 그저 녹이고 부식시킴으로써 간접적으로 우리를 내핵으로 잘 인도하기도 합니다. 하지만 이러한 두 경우 모두, 즉 사회를 약화시키든 자연을 강화시키든 품고 있는 목표는 동일합니다. 우리 자신의 비밀스러운 부분을 드러내는 것이 바로 그것입니다. 우리 성격의 비극적 요소인 셈이지요.

실제로 우리가 감동적인 비극을 보고 난 후 갖게 되는 느낌이 바로 이것입니다. 우리의 관심을 끄는 것은 다른 이들에 대해서 들은 이야기보다 우리가 자신에 대해 언뜻 알게 된 것들, 즉 실제로 드러날 것 같았지만 다행스럽게도 드러나지 않은 수많은 희미한 느낌들과 감정들과 사건들이지요. 먼 과거에 속한 원형적 기억에 대한 호소가 우리 안에서 울리는 것 같기도 합니다. 이 기억들은 아주 뿌리깊이 자리하고 있는 데다 우리의 현재 삶과는 너무나 동떨어져 있어서, 마치 새로운 수습기간이 필요하다고 생각될 정도로 우리의 현재 삶이 잠시 비현실적이고 진부한 것처럼 느껴지기도 합니다. 따라서 비극이 우리의 피상적이고 실용적인 성취에 숨어있는 것에서 이끌어 내는 것은 보다 심오한 리얼리티입니다. 이런 점에서 극예술 또한 다른 예술 영역과 같은 목표를 갖고 있는 셈이지요.

그러므로 예술은 늘 **개별적**인 것을 목표로 한다는 이야기가 이어지지요. 예술가는 어떤 특정한 날 특정한 시간에 특정한 곳에서 목격한, 두 번 다시 볼 수 없는 색조를 자신의 화폭에 그려 넣습니다. 시인은 두 번 다시 느낄 수 없을 그 자신만의 기분을 노래합니다. 극작가는 한 영혼의 일대기, 감정과 사건들로 이루어진 살아있는 조직, 다시 말해 두 번 다시 반복될 수 없는 단 한 번뿐인 경험을 우리 앞에 펼쳐놓지요. 우리는 이런 감정들에 일반적인 이름을 부여하지만, 이름이 같아도 사람마다 다른 감정일 수밖에 없습니다. 감정은 **개별화**됩니다. 그렇게 함으로써, 아니 그렇게 해야만 예술에 속합니다. 감정이 개별화돼야만 일반론이나 상징들 심지어 전형들이 우리들 일상생활의 동전처럼 통용될 수 있습니다. 그런데 이런 점에 대해 어떻게 오해가 생겨나는 것일까요?

그 이유는 우리가 두 개의 매우 상반된 사실을 서로 혼동하는 데 있습니다. 사물의 일반성, 그리고 우리가 그것에 대해 갖게 되는 견해의 일반성이 그 두 가지입니다. 어떤 감정이 일반적으로 진실로서 받아들여진다는 이유로 그것을 일반적인 감정이라고 할 수는 없습니다, 햄릿보다 독특한 인물은 아마 어디에도 없을 것입니다. 어떤 면에서는 다른 이들과 닮은 점이 있을 수노 있겠지만, 그가 우리의 관심을 끄는 이유가 그 점 때문인 것은 분명 아니지요. 하지만 그는 일반적으로 살아있는 인물로 간주되고 받아들여집니다. 오로지 이런 의미에서만 그는 일반적인 사실이 되는 것이지요. 다른 모든 예술 작품 역시 마찬가지입니다. 작품들은 각기 독특하지만, 천재적인 특징을 갖고 있다면 결국에는 모든 이에게 일반적으로 인정받게 됩니다. 왜 인정받게 되는 것일까요? 그리고 만일 그것이 한 분야에서 유일무이한 유형이라면, 우리는 어떤 표식을 보고 그것이 진짜라는 것을 알 수 있을까요? 그것은 분명 우리의 성향에 맞서 진실되게 그것을 보게 하려는 바로 그 노력을 통해서입니다. 진실성은 전염됩니다. 예술가가 본 것을 우리는 아마도 두 번 다시 볼 수 없을 것입니다. 적어도 그것과 똑같은 방식으로는 말이지요. 하지만 만일 그가 실제로 그것을 본 것이라면, 베일을 걷어 올리기 위해 그가 기울이는 노력만으로도 우리로 하여금 모방하게 만듭니다. 예술가의 작품을 우리는 가르침을 주는 본보기로 받아들이지요. 그 가르침의 효험은 그 작품이 얼마나 진실한 것인지를 보여주는 정확한 표준이 됩니다. 결과적으로 진실은 그 안에 있는 확신의 힘, 아니 전환의 힘을 품고 있고, 이것이 바로 우리가 진실성을 알아볼 수 있게 해 주는 표지인 것입니다. 위대한 작품일수록, 그리고 희미하게 가려져 있던 진실성이 심오할수록, 그 효과는 더 오래 지속되고 보다 보편적으로 이루어질 가능성이 큽니다. 따라서 보편성이란 원인이 아니라 결과에 있다고 볼 수 있겠습니다.

희극의 목표는 완전히 다릅니다. 희극에서는 일반성이 작품 그 자체에 들어가 있지요. 희극은 우리가 이미 만났고 다시 만날 가능성이 있는 성격들을 묘사합니다. 그것들 간의 유사성을 찾아내어 우리 앞에 여러 유형을 제시해 주고자 하지요. 필요하다면 새로운 유형을 만들어 내기도 하고요. 이런 점에서, 희극은 다른 모든 예술 영역과 현격한 대조를 이룹니다.

몇몇 고전 희극은 그 제목 자체가 중요한 의미를 갖습니다. '인간 혐오자', '수전노', '노름꾼', '얼빠진 사람'[99] 등은 모두 인간의 유형을 나타내는 이름들이지요. 성격 희극이 적절한 명사를 제목으로 가질 경우, 이 명사는 희극의 내용이 담고 있는 무게에 휩쓸려 곧 일반 명사로 분류되게 됩니다. '타르튀프 같은 사람'이라고는 말해도 '페드르[100] 같은 사람'이나 '폴리왹트[101] 같은 사람'이라고는 말하지

---

99   <인간혐오자>와 <수전노>는 몰리에르의, <노름꾼>과 <얼빠진 사람>은 르냐르의 희극 제목이다.

100   라신의 비극 <페드르>(1677)의 주인공. 의붓아들 이폴리트에 대한 사랑이 파멸을 부른다. 라신에 대해서는 119쪽 주석 56을 참고.

101   코르네유의 비극 <폴리왹트>(1640)의 주인공. 로마제국 시대 우상숭배를 버리고 기독교로 개종했다가 순교당한 성자 폴리왹트에 대한 순교 비극. 코르네유에 대해서는 81쪽 주석 33을 참고.

않는 이유가 바로 이것입니다.

무엇보다, 비극 작가라면 주인공 주위에 그저 주인공을 단순화시킨 복제품에 불과한 부수적인 인물들을 배치할 생각을 하지 않을 것입니다. 비극의 주인공은 그 유형에서는 매우 독특한 하나의 개성을 대표합니다. 그를 흉내내는 것이 가능할지 몰라도, 그랬다가는 의식적이든 무의식적이든 비극적인 요소가 희극적으로 바뀌어 버립니다. 그 누구도 그와 같지 않습니다. 그가 누구와도 같지 않기 때문입니다. 하지만 이와는 반대로 희극 작가는 비슷한 일반적 특성을 보여주는 인물들을 마치 위성처럼 주인공 주변에 배치하고자 하는 본능적인 열망을 갖습니다. 희극 제목 중에는 복수 명사나 집합 명사인 것이 많지요. 〈학식을 뽐내는 여인들[102] Les Femmes savantes〉, 〈우스꽝스러운

---

102   Les Femmes savants. 몰리에르의 1672년 희극. 겉치레뿐인 현학자들에게 눈이 먼 파리 부르주아 여성들의 허영심과 과시욕을 풍자한다.

재녀들[103] Les Precieuses ridicules〉, 〈지긋지긋한 세상[104] Le Monde ou l'on s'ennuie〉 등은 하나의 동일한 유형에 속하는 여러 성격 집단을 채택해 극 중에 수없이 등장시킵니다. 희극의 이런 경향을 분석해 보면 재미있지요. 아마도 극작가들은 정신병리학 분야에서 최근 제기된 사실, 즉 같은 종류의 괴짜들은 알 수 없는 이끌림에 의해 서로를 찾는다는 사실을 우연히 보았을 수 있습니다. 병적이라고 꼭 집어 말할 수는 없어도, 우리가 지금까지 보아왔듯이 희극적 인물들은 어느 면으로 보나 얼빠진 상태에 있습니다. 그리고 이 얼빠진 상태에서 기이한 상태로의 이행은 계속되지요. 하지만 이유는 또 있습니다. 만약 희극 작가의 목표가 우리에게 여러 유형, 즉 자기 반복이 가능한 인물들을 제시하는 것이라면, 한 가지 모델의 여러 가지 다양한 복제물을 일일이 보여주는 것보다 나은 방법은 찾기 어렵다는 깃입니

---

103 몰리에르의 1659년 희극. 카토스, 마들롱, 아르망드 등은 부르주와 집안의 여자인 주제에 '재녀'인 척하면서 재치를 부린다. '재녀'는 당시 '프레시외즈'라 불렸으며 17세기 프랑스 상류사회의 일부 여성들을 일컫는 말이다. 자신들을 뛰어난 존재로 보이게 하려는 욕구로 말미암아 평범한 표현보다는 세련미를 강조한 언어를 사용하려고 했다고 전해진다.

104 프랑스 극작가 에드와르 파예롱(1834~1899)의 최전성기 희극 (1881). 상류 사회를 조롱하는 풍자 코미디로 프랑스뿐만 아니라 런던이나 상트 페테르부르크 등에서도 크게 성공한 작품이다.

다. 동식물연구자들이 종을 규정할 때 쓰는 방법도 바로 이렇습니다. 종을 먼저 열거한 후 그 주요 변종들에 대해서술하는 것이지요.

개인에 관련한 비극, 그리고 개인의 유형과 관련 있는 희극 사이의 이러한 본질적인 차이점은 또 다른 방식으로도 알아볼 수 있습니다. 작품의 초고 단계에서 이미 드러나지요. 근본적으로 다른 두 개의 관찰 방법을 통해 처음부터 분명하게 나타납니다.

역설적으로 느껴질 수도 있겠지만, 비극 작가에게는 다른 사람들에 대한 연구가 반드시 필요하지는 않은 것 같습니다. 우리가 익히 알고 있듯이, 위대한 작가들 중에는 열정이 폭발하는 장면을 볼 기회도 없이 은둔적이고 소박한 삶을 산 이들이 있습니다. 그러면서도 충실히 묘사할수 있었지요. 하지만 묘사한 장면을 실제 목격했다 하더라도 과연 그것이 매우 유용하다고 생각했을지는 의문입니다. 왜냐하면 비극 작품에서 우리의 흥미를 이끄는 것은 어떤 심오한 감정 상태나 내적 갈등에서 언뜻 내비쳐지는 것들이고, 또 이런 것들은 외부에서 얻어지는 것이 아니기 때문이지요. 사람의 정신은 다른 이에겐 불가해합니다. 열정의 특정 표지들만이 외적으로 지각되는 것이지요. 이런 것들을 우리는 우리 자신이 경험한 것과의 유사성에 비추어 해석합니다. 그런데 그 해석이란 늘 불완전하지요. 따라서 우리 경험이 가장 중요합니다. 경험한다 해도 우리는 우리 자신의 마음 외에는 그 어떤 것도 완전히 이해할 수 없지요. 그렇다면 이 말은, 비극 작가는 자신이 묘사하는 것을 다 겪어 보았고, 자신의 인물들이 겪는 온갖 다양한 상황들을 다 경험해 봤으며, 그들의 내적 삶을 다 살아 보았다는 의미일까요? 여기서도 작가들의 실제 삶은 이러한 가정에 모순됨을 알 수 있습니다. 사실상 한 사람이 어떻게 맥베스, 햄릿, 오셀로, 리어왕 등 그 많은 인물이 될 수 있겠습니까? 하지만 이때 우리는 우리가 현재 지니고 있는 성격과 가질 수도 있었을 성격을 구분해야 할 것 같습니다. 우리의 성격은 끊임없이 재개되는 선택의 결과입니다. 우리는 살아오는 동안 어쨌든 갈림길을 여러 번 만나고, 그중 하나 이상의 길을 택할 수는 없지만 다른 많은 가능성들을 인지합니다. 지나온 길을 되돌아보는 것, 그리고 어렴풋이 보이는 방향들을 끝까지 따라가는 것이 시적 상상력의 본질적인 요소이겠지요. 물론, 셰익스피어는 맥베스도, 햄릿도, 오셀로도 아니었습니다. 그렇지만 그러한 상황과 그의 의지가 만나 내적인 자극에 불과했던 것이 폭발적인 행동으로 표출되었다면, 셰익스피어는 이런 여러 인물들이 **되었을 수도** 있습니다. 우리는 이상하게도 시적 상상으로 만들어진 역할을 오해합니다. 마치 어릿광대의 옷을 짜깁기라도 하듯 사방에서 이것저것을 쓱싹하여 주인공들을 짜 맞췄을 거라 생각하는 것이지요. 하지만 이렇게 한다면 살아있는 존재를 만들어 낼 수는 없을 것입니다. 생명은 재구성될 수 없습니다. 그저 바라보고 모방하는 것만이 가능할 뿐이지요. 시적 상상력이란 실재를 보다 전체적으로 바라보는 것에 지나지 않습니다. 작가가 창조한 인물들이 생생하게 살아 있는 느낌을 준다면, 그것은 그들이 여러 명으로 증식하여 나뉜 작가 자신의 분신이기 때문입니다. 작가는 엄청난 노력에 의한 내적 관찰을 통해 자신의 본성을 깊숙이 파헤쳐 실제로 있는 것에서 잠재적인 것을 포착하며, 그 본성이 그의 정신 안에서 개략적으로만 그려놓은 것을 완전한 예술 작품으로 만들어 냅니다.

반면 희극이 만들어지기 위한 관찰의 종류는 완전히 다

릅니다. 이는 외부를 향해 있지요. 희극 작가가 아무리 인간 본성의 희극적 요소에 관심을 갖고 있더라도, 자신의 희극성을 탐구하려는 경지까지는 거의 도달하기 힘들 것 같다는 생각이 듭니다. 아마 찾아내지 못할 겁니다. 왜냐하면 우리는 우리 자신이 의식하기 힘든, 어딘가에 숨어 있는 부분 때문에 우스꽝스러워지는 것이기 때문입니다. 따라서 이런 관찰은 부득이 타인에게 이루어져야 하지요. 하지만 바로 이러한 이유 때문에 우리 자신에게 적용할 때는 결코 가질 수 없는 일반성을 띠게 됩니다. 표면적인 것에 머문 상태로 서로 접촉하고 닮아갈 수 있을 정도까지만 사람들을 대하니 피상적일 수밖에 없는 것이지요. 거기에서 더 나아가지 못하는 것입니다. 설사 더 나아갈 수 있더라도 그 과정에서 얻을 것이 없으므로, 그러려고 하지도 않을 것입니다.

개성 안으로 너무 깊이 파고들어 그 안에 깊숙이 자리 잡은 원인들을 외부의 결과와 연결 짓는다면, 결과가 가진 우스꽝스러움을 전부 위태롭게 만들고 결국에는 희생시키게 될지도 모릅니다. 개성을 보고 웃음이 터져 나오게 하려면, 우리는 원인을 정신의 어떤 중간 지대쯤에 위치시켜야 합니다. 그리하여 그 결과는 평균적인 것이며 인류에게서 평균적으로 보이는 것을 표현하고 있는 것처럼 보이게 만들어야 합니다. 그리고 평균적인 것들이 다 그렇듯, 이것 역시 산재해 있는 정보들을 긁어모아 유사한 것들을 비교하고 그 정수를 추출해 얻어져야 합니다. 즉, 물리학자들이 법칙을 이끌어 내기 위해 여러 사실을 관련짓는 것처럼 추상화와 일반화의 과정을 거칩니다. 한마디로 여기에서 수단과 목적은 귀납적 과학과 동일한 성격을 갖고 있다고 할 수 있습니다. 귀납적 과학에서 관찰은 항상 외적이며 그 결과는 항상 일반적입니다.

이렇게 우리는 먼 길을 돌아 우리의 연구 과정에서 도달했던 이중 결론으로 되돌아오게 되었습니다. 한편으로 사람은 얼빠짐 상태와 유사한 정신적 특성을 띠지 않으면 결코 우스꽝스러울 수 없다는 점입니다. 조직의 일부가 아니면서 빌붙어 사는 기생충 같은 그 무엇이 꼭 필요한 것이지요. 이 때문에 이런 정신 상태는 외부에서 관찰이 가능하고 또 교정될 수 있습니다. 하지만 다른 한편으로는 웃음이 교정을 목적으로 한다는 이유 때문에 가능한 한 많은 이에게 그 교정의 효과가 미치기도 합니다. 이것이 바로 희극적 관찰이 본능적으로 일반적인 것을 향하는 이유입니다. 이는 재현의 여지가 있는, 그래서 결과적으로 어느 한 사람의 개별성에 불가분하게 매이지 않는 특이성을 선택합니다. 말하자면 드물지만 일반적인, 공통적으로 볼 수 있는 그런 특이성을 선택하는 것이지요. 이것을 무대 위로 옮기면 작품이 됩니다. 하지만 즐거움을 주는 것이 목적이라는 점에서는 의심할 여지없이 예술에 속하지만, 일반성을 갖고 있고 교정하고 가르치고자 하는 불분명하고 무의식에 가까운 의도가 있다는 점에서 다른 예술작품과는 대조적이라고 할 수 있습니다. 그러므로 희극은 예술과 삶 중간에 자리하고 있다고 말한 것은 아마도 옳을 것입니다. 희극은 순수예술처럼 초탈해 있지는 않습니다. 웃음을 만들어 나감으로써 희극은 사회생활을 자연스러운 환경으로 받아들이고 심지어 사회생활의 자극을 추종하기도 합니다. 그리고 바로 이런 점에서 사회에서 도망쳐 순수한 자연으로 회귀하는 예술을 등지게 됩니다.

2.허영과 허영치료제

이제 앞서 고찰한 바에 비추어 그 자체로 희극적이며, 원래부터 희극적이었고, 보이는 모든 면이 희극적인, 이상적인 희극적 성격의 유형을 창조해 낼 방법을 알아보기로 하겠습니다. 희극에 무한한 소재를 제공해 주기 위해서는 심오해야겠지만, 희극의 범주 안에 머물기 위해서는 그 유형은 피상적이어야 합니다. 희극성은 무의식적인 것이므로 그걸 가진 인물의 눈에는 띄지 않지만 다른 이들의 눈에는 보여야 합니다. 그래야 다들 웃음을 불러일으킬 수 있을 테니까요. 또 그 자신에게는 지극히 관대해야 합니다. 그래야 조금의 가책도 없이 내보일 수 있겠지요. 또 다른 이들의 눈에는 골칫거리여야 합니다. 그래야 동정하지 않고 진압할 테니까요. 또, 즉각적으로 진압 가능해야 합니다. 그래야 우리의 웃음이 헛되지 않을 테니까요. 하지만 양상이 달라지면 재발되어야 합니다. 그래야 웃음이 늘 할 일을 찾을 테니까요. 사회생활과 불가분의 관계이면서 사회로서는 참기 힘든 존재여야 합니다. 모든 악덕과 심지어 수많은 미덕들까지 갖고 있어야 하고요. 그래야 상상할 수 있는 가장 대단한 형태의 다양성을 띨 수 있을 테니까요. 그야말로 엄청나게 많은 요소들이 결합되어야 하는 것입니다. 하지만 이토록 정교한 조제법을 수행해야 하는 정신의 화학자는 증류장치에서 내용물을 쏟아낼 때 다소 실망할 수도 있습니다. 상당한 어려움을 감수했으나 결과적으로 자신이 만들어 낸 것은 자연이 주는 공기처럼 이미 인류 전체에 널리 퍼져있어 얼마든지 구할 수 있는 혼합물에 불과함을 알게 될 테니 말입니다.

이 혼합물이란 바로 허영입니다. 아마 이보다 더 가볍거나 고질적인 결점은 없을 것입니다. 이 결점으로 인해 받는 상처는 아주 심하지는 않지만 거의 치유되기 힘들지요. 허영을 위해 베풀어지는 봉사는 모든 봉사 중 가장 비현실적이지만, 오래 지속되는 고마움이 뒤따르는 것이기도 합니다. 허영을 하나의 악덕이라고 하기는 어렵지만, 모든 악덕이 그 영향권 안으로 들어와 점점 더 인위적인 형태로 정제되어 결국에는 허영을 만족시키기 위한 수단으로 작용합니다. 허영심은 우리가 다른 이들에게 불러일으키고 있다고 생각하는 존경심에 기반을 둔 자화자찬이기에 사회생활의 결과라고 볼 수 있습니다. 하지만 이기주의보다는 더 선천적이고 더 보편적으로 타고나는 감정이지요. 이기주의는 본성에 의해 억누를 수 있지만, 허영심을 누르는 일은 불명예스러운 일이 초래되지 않고서는 힘들기 때문입니다. 사람은 실제로 겸손하게 태어나지는 않는 것 같습니다. 일종의 신체적 부끄러움을 겸손이라는 이름으로 부르지 않는 한은 말이지요. 이 부끄러움조차 일반적으로 생각하는 것보다 자만심에 가깝습니다. 진정한 겸손은 오직 허영에 대한 성찰뿐입니다. 다른 이들이 저지르는 실수를 보고 자신도 그렇게 스스로를 기만하지 않을까 두려워하는 데서 불쑥 생겨나는 감정이지요. 이는 우리 자신에 대한 말과 생각에 대한 일종의 과학적 경계 같은 것입니다. 개선과 교정을 해 나가는 것이지요. 다시 말해 겸손은 후천적으로 얻어지는 미덕인 셈입니다.

겸손해지고자 하는 열망과 우스꽝스러워지기 싫은 두려움이 구분되는 지점을 분명히 밝히기는 쉽지 않습니다. 하지만 분명한 것은 이 열망과 두려움이 처음에는 하나의 동일한 감정이라는 점입니다. 허영으로 인한 착각과 그런 착각에 동반되는 조소를 면밀하게 연구해 보면, 웃음에 대한 이론 전체에 대해 낯선 발견을 할지도 모릅니다. 웃음이 주는 주된 기능 중 하나가 매우 정교하게 반복적으로 수행되고 있음을 발견하는 것이지요. 그것은 거의 자동으로 수반되는 자화자찬을 자기의식에 되돌려주어 최대한의 사회성을 얻을 수 있도록 해주는 기능을 발합니다. 허영이 사화생활에서 자연스럽게 생겨나는 것이기는 하지만 그것이 사회에 불편을 야기한다는 점도 우리는 압니다. 그것은 마치 인체 조직에서 지속적으로 분비되는 어떤 경미한 독소가 다른 어떤 분비물로 중화되지 않을 경우 결국 인체를 파괴하게 되는 것과 같습니다. 웃음은 끊임없이 중화제 역할을 하고 있습니다. 이런 점에서 우리는 허영의 확실한 치료제는 웃음이며 허영이야말로 본질적으로 우스꽝스러운 결점이라고 말할 수 있겠습니다.

희극성을 형태와 움직임 측면에서 살펴보는 동안, 우리는 그 자체로 웃음을 유발하는 단순한 이미지가 어떻게 보다 복잡한 성질을 가진 다른 이미지로 침투해 그 희극적 본질을 주입시킬 수 있는지를 알아보았습니다. 이처럼 희극성은 때로 가장 낮은 수준의 형태로 그 가장 높은 수준의 형태를 설명할 수 있습니다. 그러나 그 반대의 과정이 아마도 더 일반적입니다. 조악한 희극적 효과의 대다수는 아주 교묘한 희극적 효과에서 곧바로 우연찮게 얻어지지요. 예를 들면 수준 높은 코믹 형태인 허영은 우리가 인간 활동의 모든 측면에서 면밀하게, 그러나 무의식적으로 찾게 되는 요소입니다. 우리는 그저 웃기 위해서 그것을 찾지요. 실제로 우리의 상상은 전혀 상관없는 곳에서 허영을 찾아냅니다. 아마도 어떤 효과를 가지는 조잡한 희극적 요소들은 다 허영 때문에 생겨난다고 해도 될 것입니다. 심리학자들은 대조의 개념을 빌려 그 효과를 매우 불충분하게 설명해 왔습니다. 키 작은 사람이 큰 문을 지나면서 고개를 숙이는 것이나, 하나는 매우 크고 하나는 난쟁이처럼 작은 두 사람이 서로 팔짱을 끼고서 근엄하게 걸어가는 것 등이 바로 그것이지요. 이 두 번째 이미지를 좀 더 자세히 살펴보면, 황소처럼 커지고 싶어 배를 부풀리던 개구리처럼 둘 중 작은 사람이 상대방의 키에 맞춰 **자신을 들어 올리려** 애쓰는 것처럼 보이지요.

3. 직업에서 나타내는 허영과 직업적 희극성

희극 작가의 주의를 끌만큼 허영과 결합되어 있거나 경쟁하는 모든 특이한 성격들을 살펴보기는 거의 불가능합니다. 여기까지 오는 동안 우리는 모든 결점이 다 희극적일 수 있으며 심지어 때로는 장점들도 그럴 수 있음을 증명했습니다. 지금까지 희극적이라고 알려진 모든 특성을 목록으로 작성한다 하더라도, 희극은 거기에 또 다른 특성을 더할 수 있겠지요. 인위적으로 만들어 내는 것이 아니라, 지금까지 눈에 띄지 않은 희극적 전개들을 찾아냄으로써 말입니다. 이와 같이 상상력은 양탄자의 복잡한 무늬 안에서 완전히 새로운 모양을 구분해 냅니다. 알다시피 그 기본 조건은 어떤 특성이 목격되는 즉시 많은 사람이 그 안에 들어갈 수 있는 일종의 **범주**로 나타나야 한다는 점입니다.

사회 자체에 의해 형성되고 필수적인 범주들은 이미 만들어져 있습니다. 사회가 분업에 기초하고 있기 때문이지요. 다양한 사업과 공공 서비스, 직업 등이 바로 그런 범주들입니다. 각각의 직업은 해당 직업에 속한 이들에게 특정한 정신적 습관과 성격적 특성을 부여하여 서로 닮아가는 동시에 다른 직종의 사람들과는 구분되도록 합니다. 이렇게 작은 사회들이 큰 사회의 틀 안에서 형성되어 가는 것이지요. 이 작은 사회들은 전체적으로 볼 때 사회라는 바로 그 조직에서 생겨나는 것이 틀림없습니다. 그렇더라도 이 작은 사회들이 서로 너무 냉담하다면 사회성을 저해할 우려가 있겠지요.

이런 분리주의적 경향이 나타날 때 그것을 억제해 주는 것이 웃음의 역할입니다. 경직성을 유연하게 바꾸어 주고, 개개인을 전체에 재적응시켜 주는 것, 다시 말해 모서리들을 둥글게 깎아 주는 것이 웃음의 기능이라고 할 수 있지요. 따라서 여기에서 우리는 다양한 형태들을 미리 가늠할 수 있는 희극성의 유형을 찾을 수 있습니다. 이것을 **직업적 희극성**Professional Comic이라 부르기로 하겠습니다.

이러한 다양한 형태들을 자세히 들여다보는 대신, 이것들이 공통적으로 갖고 있는 것에 중점을 두겠습니다. 우선 직업적 허영이 있습니다. 일례로 주르댕 씨의 선생들은 하나같이 자신의 과목을 다른 과목들보다 칭송하는 장면이 있지요. 라비슈의 작품에서는 나무 장사꾼 외에 다른 직업을 가질 수도 있다는 것을 이해하지 못하는 인물이 나옵니다. 당연히 그는 나무 장사꾼입니다. 이때 허영은 고려 중인 직업의 사기성에 비례해 **진지함**solemnity과 결합되는 경향이 있습니다. 예술이나 과학, 직업이 미심쩍을수록 그것을 행하는 사람 역시 스스로 일종의 성직을 부여받았다고 여기면서 모두가 그 신비로움 앞에 고개를 조아려야 한다고 믿는 경향이 있다는 사실을 주목해 보세요. 유용한 직업은 분명 공공을 위한 직업을 의미하지만, 그 유용성이 조금 미심쩍은 직업들은 공공이 자신들을 위해 존재한다고 가정함으로써 존재를 정당화할 뿐입니다. 진지함의 뿌리에는 이러한 착각이 자리 잡고 있는 것이지요. 몰리에르의 극에 등장하는 의사들의 희극성은 전부 여기에서 나옵니다. 그들은 환자들을 마치 의사들을 위해 만들어진 존재처럼 대하고, 자연도 의학의 부속물인 것처럼 생각하지요.

이러한 희극적 경직성의 또 다른 형태로는 **직업적 냉담함**Professional Callousness이라고 칭해질 만한 것이 있습니다. 이런 희극적 인물은 자신의 역할이라는 경직된 틀에 너무 꼭 낀 나머지 다른 평범한 사람들처럼 움직이거나 감동받을 여지가 없습니다. 불쌍한 이들이 고문당하는 모습을 어떻게 견딜 수 있는지를 묻는 이자벨에게 재판관인 페랭 당댕[105]이 한 대답을 볼까요.

"쳇! 한두 시간 정도만 느긋하게 기다리면 되지요."

---

[105]　라신의 희극 <소송광>에 나오는 인물. 나이든 판사 역할. 119쪽 주석 55를 참고.

사실, 오르공[106]의 입을 통하긴 했지만 타르튀프 또한 일종의 직업적 냉담함을 드러낸 적이 있습니다.

"형제와 아이들, 어머니와 아내까지 다 죽어보라지, 내가 신경이나 쓰나!"

하지만 직업을 우스꽝스럽게 만드는 데 가장 많이 활용되는 장치는 말하자면 그것을 구체적인 전문용어의 범위 안에 가두는 것입니다. 재판관이나 의사, 군인이라면 법률이나 의학, 군사 전략 같은 말을 일상적으로 쓰게 함으로써 마치 보통 사람들처럼 말할 수 없는 것처럼 보이게 하는 것이지요. 일반적으로 이런 종류의 희극성은 다소 조잡합니다. 하지만 앞에서도 언급한 바 있듯이 직업적 습관과 더불어 성격적 특이성까지도 드러내 준다면 보다 세련되게 바뀔 수 있습니다. 일례로 르냐르의 작품에 등장하는 노름꾼을 보겠습니다. 그는 도박 용어를 사용해

---

106 109쪽 주석 49를 보라.

지극히 독창적으로 자신을 표현하며, 하인은 헥토르[107]라는 이름으로, 약혼녀는 이렇게 부릅니다.

"스페이드 여왕이라는 이름으로 유명한 팔라스여[108]."

아니면, 몰리에르의 희극 〈학식을 뽐내는 여인들〉을 볼까요? 이 작품의 희극적 요소는 학문적인 생각을 대부분 여성스러운 감성이 느껴지는 말로 표현하는 데에 기인합니다. 예를 들면 이런 식입니다.

"에피쿠로스[109]는 내 맘에 딱이야."
"나는 소용돌이에 홀딱 반해버렸어."

---

107   호메로스의 서사시 <일리아드>에 나오는 트로이의 왕사. 프리아모스왕의 장남이며, 트로이 전쟁의 발단을 제공한 파리스 왕자의 형이다. 트로이의 총사령관이자 이상적인 영웅으로 묘사되었다. 카드 놀이에서는 다이아몬드 잭(J)에 해당한다.

108   그리스 신화에 나오는 여신 아테나를 일컫는 호칭. 카드 놀이에서는 스페이드 퀸(Q)에 해당한다.

109   Epicurus 241~270 BC. 고대 그리스 철학자. 에피쿠로스 학파의 시조. 에피쿠로스는 쾌락을 선으로 고통을 악으로 여겼으므로 쾌락주의자로 회자되었다. 그러나 에피쿠로스가 말하는 쾌락은 방탕과 환락과는 거리가 멀었다. 두려움에서 벗어난 마음의 평안을 뜻하는 아타락시아의 행복하고 평온한 삶을 철학의 목적으로 삼았다.

제3막만 읽어 봐도 아르망드와 필라맹트, 벨리즈, 세 사람[110] 모두 이런 식으로 말하고 있는 것을 볼 수 있습니다.

이 방향으로 계속 나아가다 보면, 직업적 논리 같은 것이 있음을 알게 됩니다. 어떤 특정 집단 안에서 관습처럼 이루어지는 추론 방식 같은 것 말이지요. 이는 그 집단에서는 유효하지만 다른 이들에게는 거짓처럼 느껴집니다. 이제, 구체적인 것과 보편적인 것, 이 두 종류의 논리를 대조시키는 데서 특별한 성격의 희극적 효과가 만들어진다는 점을 바탕으로 좀 더 상세하게 살펴보는 것도 유익한 일일 것 같습니다. 여기서 우리는 웃음 이론에 있어 중요한 점을 접하게 됩니다. 따라서 보다 범위를 넓혀 지극히 일반적인 측면에서 살펴보면 어떨까 합니다.

---

110   <학식을 뽐내는 여인들>에 등장하는 주인공들

4.희극적 부조리,
생각을 사물에 맞추기보다는
사물을 생각에 맞추기

희극성의 심층적 원인을 찾는 데 너무 몰두하다 보니 지금까지 희극성의 가장 두드러진 점을 간과해 온 것 같습니다. 희극적 성격과 희극적 집단에서 고유하게 나타나는 논리를 간과한 것이지요. 이는 아주 낯선 종류의 논리로, 때로는 상당한 부조리를 포함하고 있기도 합니다.

테오필 고티에[111]는 극단적인 형태의 희극성은 부조리의

111 　　Jules Pierre Théophile Gautier 1811~1872. 프랑스의 작가이자 비평가. 예술의 공리성을 배격하였다.

논리라고 말한 바 있습니다. 하나 이상의 웃음 이론이 비슷한 개념을 다루고 있는데, 모든 희극적 효과들이 어떤 측면에서는 모순을 내포하고 있다는 것입니다. 우리를 웃게 만드는 것은 구체적인 형태로 실현된 부조리, 즉 '뚜렷한 부조리'라는 것이지요. 또는 명백한 부조리로, 그 순간에는 무턱대고 받아들여졌다가 즉시 교정되는 것, 아니 그것보다는 어느 관점에서는 부조리해 보이지만 다른 관점에서 보면 자연스러운 설명이 가능한 그런 것을 말합니다. 이 이론들 모두 어느 정도는 맞는 말이겠지요. 하지만 애당초 명백한 희극적 효과에만 적용이 됩니다. 심지어 적용이 된다 하더라도 코믹 특유의 요소, 즉 어떤 부조리한 것을 내포하고 있을 때의 희극성이 갖게 되는 **특별한 종류**의 부조리에 대해서는 전혀 고려하지 않고 있습니다. 이를 곧바로 입증하고 싶다고요? 이 정의들 중 하나를 골라 공식에 따라 효과들을 구성하기만 하면 되겠지요. 하지만 그렇게 얻어진 효과들 대부분은 희극적인 면이 없을 것입니다. 따라서 우리가 희극에서 만나는 부조리는 부조리 **일반**과는 달리 아주 제한적인 부조리임을 알 수 있습니다. 이는 희극성을 창출해 내지 못합니다. 오히려 희극성이 부조리 안에 희극성의 정수를 불어넣어 주는 것입니다. 원인이 아니라 결과, 그것도 원인의 특수성을 반영하고 있는 아주 특별한 종류의 결과입니다. 이 원인을 우리는 알고 있으므로 어렵지 않게 그 결과의 본질을 이해할 수 있을 것입니다.

시골길을 걷다가 언덕 위에 어떤 커다란 형상이 팔을 돌리며 서 있는 것 같은 광경을 목격했다고 가정해 보지요. 지금까지는 그게 뭔지 알 수 없지만, 당신은 자신의 **관념**, 즉 기억해 낼 수 있는 것들 가운데 당장 생각나는 예들, 그중에서도 자신이 본 것에 가장 잘 들어맞을 만한 것을 찾아보기 시작할 것입니다. 그리고 거의 즉시 풍차 이미지가 떠오릅니다. 앞에 놓인 그 형상은 풍차가 맞습니다. 집을 나서기 전에 거대한 팔을 가진 거인 이야기를 읽었다 하더라도 상관없습니다. 상식이란 주로 기억할 수 있는 능력으로 구성되어 있기는 하지만, 잊을 수 있는 능력이 훨씬 더 큰 부분을 차지하기 때문이지요. 상식은 대상이 바뀔 때마다 새롭게 적응하고 관념도 바꾸는 정신의 노력을 말합니다. 사물의 유동성에 완벽하게 순응하는 지적인 유동성을 뜻하지요. 삶에 대한 우리의 관심이 끊임없이 변한다는 것입니다. 하지만 전투에 나서는 돈키호테를 보면, 그가 읽은 소설들에는 모두 기사들이 거인을 적으로 만나는 이야기가 나옵니다. 따라서 그는 거인을 꼭 마주쳐야 합니다. 이 거인이라는 관념은 돈키호테의 마음속에 자리 잡고 있는 특별한 기억으로, 힘차게 튀어나와 하나의 사물로 구체화될 기회가 오기만을 꼼짝 않고 기다리고 있습니다. 기를 쓰고 물질세계로 들어가려고 **작정한** 것이지요. 그래서 돈키호테가 처음 맞닥트리는 사물은 거인과 조금이라도 닮은 것처럼 보이면 거인의 형태를 부여받게 되는 것입니다. 따라서 우리 눈에 풍차로 보이는 것이 돈키호테의 눈에는 거인으로 보이게 됩니다. 이는 희극적이면서 또한 부조리하지요. 하지만 그저 단순한 부조리, 즉 뭐라 규정되지 않은 부조리인 것일까요?

이는 상식이 아주 특별하게 전도된 것입니다. 관념을 사물에 맞추기보다는 사물을 관념에 맞춥니다. 눈앞에 보이는 것을 생각하는 대신 생각한 것을 보는 것입니다. 분별력이란 우리의 모든 기억을 적절한 자리에 두도록 해 줍니다. 그렇게 자리 잡은 적절한 기억은 매번 순간적인 상황의 소환에 응하고 그것을 해석하는 역할을 합니다. 하지만 돈키호테에서는 이와는 대조적으로 일군의 기억이 나머지 모든 기억을 지배하며 인격 자체에 군림합니다. 따라서 여기에서는 실재가 상상을 마지못해 받아들이며, 상상을 구체화시켜 주는 기능만을 하게 됩니다. 일단 환상이 만들어지면, 돈키호테는 그것들이 나름의 결론을 갖도록 논리적으로 발전시킵니다. 꿈을 행동으로 옮기는 몽유병자처럼, 확신을 가지고 정확하게 움직여 나가지요. 이것이 그의 망상의 근원이며, 이 특별한 부조리를 제어하는 특별한 논리입니다. 그런데 이런 논리는 과연 돈키호테만 갖고 있는 것일까요?

지금까지 우리는 희극적 인물이 늘 마음이나 기질의 고집스러움 때문에, 또는 얼빠짐 상태, 다시 말해 자동기계 때문에 실수를 저지른다는 점을 살펴보았습니다. 희극성의 근원에는 일종의 경직성이 있어서 그 희생양으로 하여금 하나의 길만 고집하며 그 길만을 따라가게 만듭니다. 귀를 닫고 아무것에도 귀를 기울이지 않게 하지요. 몰리에르의 작품을 보면 정말 많은 코믹한 장면들이 이런 단순한 유형에 속하는 것을 볼 수 있습니다. 작품 속의 인물은 **자기 자신의 한 가지 생각에 사로잡혀** 끊임없는 방해에도 불구하고 계속 그 생각으로 되돌아옵니다! 이런 이행은 서서히 눈에 띄지 않게 이루어져, 아무것도 듣지 않으려는 사람이 아무것도 보지 않으려는 사람으로, 그리고 아무것도 보지 않으려는 사람이 보고 싶은 것만 보는 사람으로 바뀌어 갑니다. 고집스러운 정신은 결국 자신의 생각을 사물에 맞추는 대신 사물을 자신의 사고방식에 끼워 맞춥니다. 그래서 모든 희극적 인물은 위에서 언급한 망상으로 이르는 길을 걷고 있습니다. 돈키호테는 희극적 부조리의 일반적인 유형인 것이지요.

상식이 이렇게 바뀌는 것을 부르는 이름이 따로 있을까요? 급성이든 만성이든, 일종의 광기의 형태에서 이런 전도를 찾을 수 있을 것 같기는 합니다. 많은 점이 고정 관념과 닮아 있지요. 하지만 일반적인 광기도 특별한 고정 관념도 웃음을 유발하지는 않습니다. 그것들은 일종의 질환으로서 우리의 연민을 자아낼 뿐이지요.

지금까지 살펴봤듯이 웃음은 감정과 양립할 수 없습니다. 웃음을 유발하는 광기가 존재한다면, 그것은 일반적으로 건강한 정신상태, 즉 굳이 말하자면 온건한 광기와 양립 가능할 것입니다. 그런데 모든 면에서 광기를 닮은 온전한 정신상태가 있습니다. 우리는 광기 상태에서 볼 수 있는 것과 동일한 관념 연합, 고정관념에서 볼 수 있는 것과 같은 특이한 논리를 그 안에서 발견합니다. 바로 꿈을 꾸는 상태입니다. 따라서 우리의 분석이 틀리지 않다면 다음과 같이 정리할 수 있습니다. — **희극적 부조리는 꿈이 내포하고 있는 부조리와 동일한 종류이다.**

꿈속에서 지성이 하는 역할은 정확히 우리가 설명한 그대로입니다. 스스로 도취된 정신은 이제 외부 세계에서 상상을 실현할 구실만 찾게 됩니다. 잠을 자고 있을 때에도 분명치 않은 중얼거림이 여전히 귓가에 와 닿고, 색들도 시야에 들어오며, 감각들도 완전히 닫히지 않습니다. 하지만 꿈을 꾸는 사람은 자신의 감각이 인식한 것을 해석하기 위해 자신의 모든 기억을 동원하는 대신, 자신이 원하는 특정한 기억에 실체를 부여하기 위해 자신이 인식한 것을 이용합니다. 따라서 꿈꾸는 사람의 기분과 그 순간 그의 상상을 채운 관념이 무엇인지에 따라 굴뚝에서 불어 내려오는 바람이 야수의 울음소리가 되기도 하고 듣기 좋은 선율이 되기도 합니다. 이것이 꿈속에 있는 평범한 환상 기계입니다.

이제 희극적 환상이 꿈의 환상과 비슷하고, 희극의 논리가 꿈의 논리와 비슷한 것이라면, 꿈의 논리가 가진 모든 특성을 우스꽝스러움의 논리에서도 발견할 수 있지 않을까요? 여기서 다시 한 번 우리가 익히 잘 알고 있는 법칙을 만납니다. 즉 우스꽝스러움의 한 형태가 주어졌을 때, 그와 같은 희극적 정수를 지니고 있지 않더라도 겉보기에 유사하면 어떤 형태든 똑같이 우스꽝스럽게 여겨진다는 법칙 말이지요. 실제로 꿈나라의 유희를 떠올리게 하는 **관념의 유희**가 있다면, 그것에서 즐거움을 찾기란 어렵지 않습니다.

먼저, 추론의 법칙이 대체로 완화된 상태로 우리의 주의를 환기해 보겠습니다. 우리를 웃게 만드는 추론은 스스로 잘못된 것임을 아는 추론입니다. 하지만 그것을 꿈속에서 듣게 된다면 곧이곧대로 믿을 수도 있습니다. 그것은 잠이 든 정신을 속일 수 있을 정도로만 참된 추론을 흉내 내지요. 논리적 요소가 남아있기는 하지만, 말하자면 그것은 긴장감이 결핍된 논리입니다. 그리고 바로 그러한 이유 때문에 우리는 지적인 노력을 하지 않아도 되지요. 수많은 '재담'들이 바로 이런 종류의 추론인데, 상당히 축

약된 형태여서 우리에게는 그 시작과 끝만 제시됩니다. 관념들로 이루어지는 이러한 유희는 관념들 간에 설정된 관계가 피상적일수록 더욱 말의 유희 형태를 갖춥니다. 그리고 점점 우리는 우리가 듣는 말의 의미를 무시하고 그 소리에만 귀 기울이게 됩니다. 등장인물 중 하나가 다른 인물이 그의 귀에 대고 속삭인 말을 터무니없이 반복하는 희극적 장면과 꿈을 비교하는 것이 도움이 될 수도 있을 것 같습니다. 이야기를 나누는 사람들 틈에서 잠이 들었을 때, 때로 그들의 하는 말이 점점 의미가 없어지고 소리는 왜곡되는 것을 느낀 적이 있을 것입니다. 그 소리들은 되는대로 결합되어 당신의 머릿속에 이상한 의미들을 형성하고, 당신과 다른 사람들은 프티 장[112]과 프롬프터 사이에서 벌어지는 장면을 재연하는 셈이지요.

꿈의 **강박상태**와 매우 유사하게 보이는 희극적 강박상태도 있습니다. 여러 번의 연속적인 꿈에 같은 이미지가 계속 등장하는 것을 겪어보지 않은 사람이 누가 있을까요?

---

112   라신의 희극 <소송광>에서 주인공 당댕의 하인. 3막 3장에 나오는 장면. 당댕 집에서 열린 재판에서 변호사 역할을 돕기 위한 프롬프터를 프티 장이 아무 생각 없이 반복해서 읽는다.

이 이미지들은 매번 그럴듯한 의미가 있는 것 같지만, 사실 그 꿈들은 하나도 공통점이 없지요. 반복의 효과는 때로 연극이나 소설에서 이런 특별한 형태를 보여줍니다. 그중 일부는 사실상 꿈속에서 들리는 것 같은 소리를 내기도 합니다. 많은 노래의 후렴구가 이와 같다고 볼 수 있지요. 절이 끝날 때마다 늘 변함없이 고집스럽게 반복되지만, 그 의미는 매번 다릅니다.

우리는 꿈속에서 어떤 특정한 **크레센도**_{Crescendo}를 드물지 않게 목격합니다. 이는 꿈이 진행되어 갈수록 점점 더 확연하게 이상한 결과가 되어가는 현상을 말하지요. 처음에는 이성적으로 해석이 가능한 일이 일어나고, 곧바로 두 번째 상황으로 이어집니다. 그리고 이번에는 보다 심각한 다른 상황을 낳지요. 그런 식으로 해서 결국 지독한 부조리에 이르게 됩니다. 부조리로 이어지는 이러한 진행은 꿈꾸는 사람에게 매우 독특한 기분을 느끼게 합니다. 이는 아마도 술에 취했을 때 이성이나 예절이 아무 의미를 갖지 않는, 기분 좋게 멍한 상태로 빠져드는 것 같은 느낌과 비슷할 것입니다. 이제 몰리에르의 희극들 중 이런 느낌을 주는 것은 없는지 알아 봅시다. 예를 들어, 〈푸르소낙 씨[113])는 꽤 이성적으로 시작하지만 극이 점점 진행될수록 온갖 부조리들이 계속 튀어나옵니다. 〈서민 귀족[114] Le Bourgeois gentilhomme〉을 볼까요? 여기서는 극이 진행됨에 따라 서로 다른 여러 인물이 광기의 소용돌이에 휘말리는 것처럼 보입니다. "이보다 더 완전히 정신 나간 사람을 찾을 수만 있다면 나는 로마까지 가서 발표하겠어." 이 문장은 극이 끝났음을 알리는 동시에 주르댕 씨와 함께 우리가 꾸고 있던 터무니없는 꿈에서 깨어나게 해줍니다.

하지만 특히 꿈에서만 나타나는 광기가 있습니다. 이 특별한 모순은 꿈꾸는 사람의 상상으로는 너무나 자연스럽지만 완전히 깨어있는 사람의 이성으로는 너무 부조리해서, 그것을 경험하지 않은 이들에게는 그 광기의 본질에 대해 온전히 그리고 정확하게 알려줄 수가 없습니다. 우리는 지금 결국 한 사람이지만 둘로 나뉘는 꿈 얘기를 하

---

113   몰리에르의 1669년 발레 희극. 주석 38을 보라.

114   Le Bourgeois Gentilhomme. 몰리에르의 발레 희극. 1670년 샹보르 궁에서 루이 14 앞에서 첫 공연을 가졌다. 중산 계급의 부자 조르댕은 귀족이 되고 싶은 마음에 철학교사, 음악교사, 펜싱 교사 등의 전문가를 고용하여 교양을 배우려 한다. 부르주아의 신분상승 욕망과 콤플렉스를 풍자하는 몰리에르의 역작.

고자 합니다. 꿈에서 자주 등장하는 이상한 결합에 관한 이야기입니다. 보통 이들 중 한 사람은 꿈을 꾸는 당사자입니다. 그는 자신이 여전히 자기 자신이라고 느낍니다. 하지만 누군가 다른 사람이 되어 있지요. 자기 자신이면서 동시에 자기 자신이 아닌 것입니다. 그는 자신이 말하는 것을 듣고 자신이 하는 행동을 보고 있지만, 마치 다른 누군가가 자신의 몸과 목소리를 빌려 그렇게 하고 있다고 느낍니다. 또는 평소처럼 자신의 말과 행동을 의식하고는 있으나, 전혀 공통점이 없는 낯선 사람에 대해 얘기하듯 자신에 대해 말하지요. 자신의 밖으로 나온 것입니다. 수많은 희극 장면에서 이와 같이 기이한 혼란을 본 것 같지 않습니까? 〈앙피트리옹[115] Amphitryon〉을 말하려는 것은 아닙니다. 이 극에서는 그런 혼란이 관객의 머릿속에 암시되고, 희극적 효과의 대부분은 우리가 앞서 얘기한 '두 일련의 사건들의 상호 간섭'에서 나오지요. 지금 말하고자 하는 것은 이러한 혼란을 순수한 형태로 만날 수 있는

---

115   그리스 신화에 나오는 '암피트리온' 이야기(암피트리온은 헤라클레스의 양부. 암피트리온이 전쟁에 참가하여 집을 비운 틈을 타 제우스가 암피트리온 모습으로 변장하여 그의 부인 알크메네와 동침했다. 그 후 헤라클레스가 태어났다)를 작화한 몰리에르의 1668년 희극.

과장된 희극적 추론입니다. 그것을 분간하기 위해서는 다소 주의 깊게 살펴볼 필요가 있지요. 예를 들어 마크 트웨인[116]이 자신을 취재하러 온 기자에게 해 준 답변을 봅시다.

질문: 그 사람이 당신 형제 중 하나 아닌가요?

답변: 아, 그래요, 맞아요, 맞아! 덕분에 생각났네요. 제 형제 중 하나였지요. 이름이 윌리엄…… 빌이라고 불렀었어요. 불쌍한 빌!

질문: 왜요? 죽었나요?

답변: 아, 네, 그럴 겁니다. 절대 말할 수는 없지만요. 엄청난 미스터리가 있었거든요.

질문: 정말 슬픈 일이군요. 그렇다면 행방불명되었나요?

답변: 글쎄요. 네, 그런 셈이지요. 우리가 땅에 묻었으니까요.

---

116   Mark Twain 1835~1910. 미국을 대표하는 소설가, 비평가, 익살꾼이자 유머 작가. <톰 소여의 모험>, <허클베리 핀의 모험>, <왕자와 거지> 등이 있다.

질문: 묻었다고요! 죽었는지 살았는지도 모르는데 묻었다고요?

답변: 아니오! 그건 아니고, 아마 죽었을 겁니다.

질문: 흠, 이해할 수 없다는 말을 안 할 수가 없네요. 그를 묻었고, 그가 죽었다는 것을 알았다는 거지요?

답변: 아니, 아니오! 그저 죽었다고 생각했을 뿐이지요.

질문: 아, 그렇군요! 그럼 다시 살아났나요?

답변: 설마 그랬겠습니까?

질문: 흠, 이런 얘기는 처음 들어보겠습니다. **누군가** 죽었고, **누군가** 묻힌 거네요. 그럼, 미스터리는 뭐였나요?

답변: 아! 바로 그것입니다! 정확히 그거예요. 사실, 우리는 쌍둥이였습니다. 고인과 저 말이지요. 그런데 생후 2주 정도 되었을 때 둘이 섞여 목욕하다가 하나가 물에 빠져 죽었답니다. 하지만 그게 누구인지 몰랐지요. 누군가는 그게 빌이었다고도 하고, 누군가는 저였다고 하네요.

질문: 흠, 정말 놀라운 일이군요. '당신' 생각은 어떤데요?

답변: 알 도리가 없지요! 누가 알려만 준다면 온 세상을 다 주고 싶을 정도랍니다. 이 침통하고 끔찍한 비극은 내 인생에 어두운 그림자를 드리웠어요. 하지만 아무한테도 밝힌 적 없는 비밀을 하나 말씀드리지요. 우리 둘 중 하나는 특이한 표지가 있었습니다. 바로 왼쪽 손등에 나 있는 커다란 점이었지요. 그게 바로 **저한테** 있었거든요. 그러니 **빠져죽은 아이는 바로 저였던 거지요!** ……등등.

이 대화를 면밀히 살펴보면 여기에서 나타나는 부조리는 결코 일반적인 유형의 부조리가 아님을 알 수 있습니다. 말하는 사람이 이야기 속 쌍둥이 중 하나가 아니라면 존재하지 않게 될 부조리지요. 이는 전적으로 마크 트웨인이 자신이 그 쌍둥이 중 하나임을 주장하면서도 줄곧 제3자의 이야기를 하듯 말하는 태도에 기인하고 있습니다. 우리도 꿈을 꿀 때 바로 이런 방식을 차용할 때가 많습니다.

5.희극적 부조리에 대한
유쾌한 징벌

희극적 부조리의 관점을 고려하면 희극성은 우리가 얼마 전 제시한 것과 조금 다른 형태로 나타나는 듯합니다. 지금까지 우리는 웃음을 교정의 가장 처음이자 가장 중요한 수단으로 간주해 왔습니다. 일련의 희극성의 변종들을 택해 오랜 시간을 두고 두드러지게 나타나는 유형들을 분리해서 보면, 그와 관련된 모든 변종은 바로 이런 유형과의 유사성에서 희극적 특성을 차용하며, 또한 그 유형들 자체가 사회를 향한 무례함의 견본이라는 것을 알 수 있습니다. 이러한 무례함에 대해 사회는 오히려 더 큰 무례인 웃음으로 응수합니다. 따라서 웃음은 분명 대단한 호의를 담고 있지는 않다고 볼 수 있지요. 오히려 악에 대해 악으로 갚고 싶어 하는 것 같습니다.

하지만 이는 우리가 우스꽝스러운 것을 보자마자 처음 받게 되는 인상은 아닙니다. 희극적 인물은 대개 우리의 몸이나 마음에 공감을 먼저 불러일으키는 사람입니다. 이 의미는, 우리가 아주 잠깐 그이의 입장이 되어 그 사람의 몸짓과 말과 무미건조한 행동들을 취하다가 뭐든 우스꽝스러운 점을 발견하면 상상으로 그를 초대해 그 즐거움을 함께 공유하고자 한다는 뜻입니다. 사실상 우리는 처음에는 그를 놀이친구로 대합니다. 그래서 웃음을 공유하고자 할 때 우리는 '아주 마음이 잘 맞는 친구' 같은 기분을 느낍니다. 적어도 겉으로는 그렇지요. 이것을 고려하지 않는다면 분명 잘못입니다. 특히 웃음에는 긴장을 완화시켜 주는 경향이 자주 감지되는데, 그 이유를 우리는 반드시 찾아야 합니다. 바로 앞서 든 예시들이 이런 인상을 가장 강하게 드러내 주고 있으므로 우리는 그 속에서 우리가 찾으려는 이유를 발견할 수 있을 것입니다.

희극적 인물이 자신의 생각을 무의식적으로 따를 때, 그는 궁극적으로 마치 꿈을 꾸고 있는 것처럼 생각하고, 말하고, 행동합니다. 이때 꿈은 하나의 긴장 완화의 수단이 됩니다. 사물이나 다른 사람들과 접촉을 유지하는 일, 존재하는 것만을 보고 일관된 것만을 생각하는 일은, 지적 긴장을 끊임없이 유지하려는 노력을 요합니다. 이런 노력이 상식입니다. 따라서 분별력이 있다는 것은 사실 노력을 계속하고 있음을 의미합니다. 하지만 사물로부터 자신을 분리시키면서도 지속적으로 이미지들을 인식하고 논리에서 벗어나면서도 지속적으로 개념들을 연결시킨다면, 그것은 놀이를 탐닉하는 것이라 볼 수 있습니다. 굳이 원한다면, 게으름을 탐닉한다고 바꿔 말할 수도 있겠지요. 그래서 희극적 부조리는 처음에 우리에게 관념을 갖고 논다는 인상을 줍니다. 우리는 우선 그 놀이에 끼고 싶다는 충동을 느끼지요. 생각해야 하는 부담을 덜어주니까요. 이제 다른 희극성의 형태에 대해서도 똑같이 말할 수 있습니다. 앞서 말했듯, 희극성에는 가장 수월한 방식을 택하려는 경향이 언제나 깊이 자리 잡고 있습니다. 대개는 습관적인 방식을 택합니다. 그렇게 되면 희극적 인물은 더 이상 자신이 속한 사회에 끊임없이 자신을 맞추고 재적응하려는 노력을 하지 않습니다. 삶에 주의력을 덜 기울이게 되지요. 그리고 얼빠짐 상태에 빠진 사람과 어느 정도 비슷해집니다. 아마도 이때 더 염려가 되는 것은 그의 지성보다는 의지입니다. 긴장이 사라진 만큼 주의력도 필요하지 않겠지요. 어쨌든 일에서 벗어나 멍한 상태로 태평하게 있는 것입니다. 바로 앞서 살펴본 예에서처럼, 그는 논리를 버렸듯 사회적 관습도 끊어버립니다. 이때도 우리의 첫 반응은 쉬엄쉬엄 편하게 하자는 초대를 받아들이고 싶은 충동을 느낍니다. 그리고 어쨌든 잠깐 동안 그 놀이에 동참합니다. 그리고 이로써 삶의 부담을 잠시 덜게 됩니다.

하지만 그 휴식은 오래가지 않습니다. 희극적인 인상에 관여할 수 있는 공감은 매우 순식간에 사라지며, 또한 주의력 결핍 상태에 기인하고 있기 때문입니다. 따라서 엄한 아버지가 때때로 깜빡하고 아이의 장난에 동참했다가 곧바로 정신을 차리고 아이를 혼내기도 하는 것이지요.

무엇보다 웃음은 잘못된 것을 바로잡고자 합니다. 굴욕감을 주려는 의도를 가진 웃음은 그 대상에게 고통을 느끼게 합니다. 사회는 웃음을 통해 사회의 구성원들이 누리는 자유에 대해 복수하고자 합니다. 웃음이 만일 공감이나 호의로만 이루어져 있다고 한다면 그 목표를 달성하지 못하겠지요.

그렇다면 어떤 경우에든 동기는 선한 것이라고, 우리가 누군가를 벌하는 이유는 그를 사랑하기 때문이라고 말할 수 있을까요? 그리고 웃음은 특정한 결점의 외적 징후를 검토하여 그 결점들을 교정함으로써 그를 내적으로 성장시키기 위해 누군가를 그 대상으로 삼는다고 말할 수 있을까요?

이 점에 대해서는 할 말이 많습니다. 일반적으로 그리고 개략적으로 말하자면, 웃음은 분명 유용한 기능을 합니다. 사실 우리의 분석은 전부 이 사실을 암시하고 있습니다. 그렇다고 웃음이 늘 정곡을 찌른다고 말할 수는 없습니다. 언제나 호의나 정의감에 의해 불러일으켜진다고 말할 수도 없지요.

항상 목표를 달성하려면 심사숙고가 선행돼야 합니다. 웃음은 자연적으로, 아니, 거의 같은 것이기는 합니다만, 사회생활에서 오랫동안 습득한 것에 기인해 우리 안에 설정된 기계장치의 결과에 지나지 않습니다. 자연스럽게 터져 나왔으나 보복으로 돌아오기도 하지요. 어디에 타격을 입힐지 둘러볼 시간도 없습니다. 웃음은 마치 무리했을 때 질병이 벌을 가하는 것과 다소 비슷한 방식으로 특정 결점들을 벌합니다. 죄 없는 사람을 쓰러트리기도 하고 죄 지은 사람은 살려두기도 하는 등 각각의 개인적 상황을 구분하지 못한 채 일반적인 결과만을 목표로 하는 점에서 비슷하다고 할 수 있지요. 심사숙고하는 대신 자연발생적으로 일어나는 일들이 다 그렇듯이 말입니다. 전체적인 결과에서는 평균적으로 정의가 드러나지만, 분리해서 보면 세부적으로는 정의가 아닐 때가 많습니다.

이런 의미에서 웃음은 결코 공정할 수 없습니다. 인정이 많지도 않지요. 웃음의 기능이란 수치심을 주어 위협하는 것이니까요. 바로 이런 목적을 위해 자연이 가장 선량한 사람에게도 눈곱만큼의 용기나 장난기를 심어 두지 않았다면, 웃음의 기능은 성공하지 못하겠지요. 이 문제에 대해서는 너무 자세하게 조사하지 않는 편이 좋을 것 같습니다. 듣기에 좋은 말은 나오지 않을 테니 말입니다. 긴장완화나 감정의 확대와 같은 현상은 웃음의 서막에 불과합니다. 방금 전까지 웃던 사람이 순식간에 웃음을 멈추고 전보다 더욱 고집스럽고 교만해져서는 다른 사람의 인격을 마치 자신이 조종하는 꼭두각시 인형처럼 여기게

된다는 것도 알게 될 것입니다. 이런 교만에서 우리는 어느 정도의 이기주의를 재빨리 알아차립니다. 그리고 그 이기주의 뒤에는 덜 자발적이지만 더 혹독한 것, 즉 웃음을 보다 면밀하게 분석할수록 점점 더 두드러지게 나타나는 특이한 비관주의가 시작되고 있음을 알게 되지요.

다른 데서와 마찬가지로 여기서도 자연은 선의로 악을 이용합니다. 이 연구를 진행하는 내내 우리의 주의를 끈 것이 특히 이 선의입니다. 사회는 발전할수록 더욱 유연해지며 사회 구성원들이 잘 적응하도록 합니다. 사회의 안정성이 증가할수록 거대한 집단에서 떼어낼 수 없었던 방해요소들이 더욱 표면으로 드러납니다. 그리하여 웃음은 이런 중요한 파동의 형태를 강조함으로써 유용한 기능을 수행합니다. 이는 마치 바다 표면에서는 파도가 쉴 새 없이 전쟁을 벌이지만 심해에서는 지극한 평화가 자리 잡고 있는 것과 같다고 할 수 있습니다. 파도는 서로 충돌하고 부딪치면서 자기 자리를 찾기 위해 고군분투합니다. 계속 움직이며 변하는 그 파도의 윤곽선들을 눈처럼 새하얀 솜털 같은 물거품이 띠를 이루어 즐겁게 따라다니지요. 때때로 다시 물러가는 파도가 모래사장에 거품을 조금 남겨 놓습니다. 근처에서 열심히 놀던 아이가 그것을 한 움큼 주워 올렸다가 물방울만 조금 손에 남은 것을 보고 놀랍니다. 그 물방울은 원래 그것을 몰고 온 파도의 물보다 더 짜고 쓴맛이 납니다. 웃음도 이와 똑같은 방식으로 생성됩니다. 사회생활의 표층에 아주 약간의 저항을 내비치는 것이지요. 그 변화무쌍한 저항의 형태를 웃음은 즉시 받아들입니다. 이는 소금기 있는 거품과 같습니다. 거품처럼 부글부글 이는 유쾌함 그 자체이지요. 그것을 맛보고 싶어 한 줌 모아 쥔 철학자라면 손에 남는 양이 실은 얼마 되지 않으며 뒷맛도 쓰다는 것을 발견하게 될지도 모르지만 말입니다.

편집후기

기획의 시작

코디정 | 예전부터 베르그송 철학에 관심이 있었습니다. 프랑스 현대철학자 질 들뢰즈가 쓴 〈베르그송주의〉 때문인지, 이분의 이름이 이런저런 논문이나 책에서 자주 등장한 탓인지 자연스럽게 관심이 생기더라고요. 그러던 차에 〈Laughter〉라는 제목의 책을 접하자마자, '이거다'라는 직감이 들었습니다. 철학자가 '웃음'에 관해 저술한 책이라니, 매우 흥미로웠습니다. 편집자 개인의 막연한 관심사에서 이 책의 기획이 시작된 것이지요. 그런데 막상 책을 편집하면서 놀라 자빠지고 말았습니다. 웃음에 관한 철학적 통찰은 그냥 덤이었어요. 엄청난 문학적 교양을 얻고 말았습니다! 아, 이런

책이었구나. 감탄했습니다. 고마운 기분마저 들었어요. 독자에게 큰 선물을 할 수 있게 됐으니까요.

편집자의 감탄

마담쿠 | 맞아요. 무엇보다 이 책에 수록된 웃음에 관한 각종 예시가 탁월해요. 그런데 그 예시라는 게 모두 유명한 작품 속에 나오는 것들이고, 그 작품의 수효가 매우 많았어요. 원래 철학자들이 이렇게 많은 희곡을 읽나요? 이 정도의 책을 쓰려면 극장도 아주 자주 갔을 것 같아요. '웃음'이 이렇게나 풍요롭고 지적인 책으로 만들어질 수 있다니 베르그송에 감탄합니다. 이런 수준의 깊이와 너비라니, 정말 괜히 노벨문학상을 받은 게 아니었습니다. 이분이 1927년 노벨문학상 수상자잖아요? 이번에 다시 한번 노벨상 수상자는 그 실력을 의심해서는 안 된다는 체험을 했네요. 저자

는 20세기 프랑스를 대표하는 철학자이자, 100년 전 당시에는 가장 인기 있는 강연자였대요. 베르그송이 그 시대의 교양이었다고 하더라고요. 그런데 이거 나름 철학 책인 거죠? 문학 책으로 봐야 하나요? 아리스토텔레스의 〈시학〉은 비극이 주제인 1부만 전해지고 2부는 전해지지 않는다고 하잖아요? 그게 희극을 다루었을 거라고 하고요. 이 책이 〈시학〉의 잃어버린 제2부가 될 수 있을까요?

생명체에 덧입혀진 기계적인 것

코디정 | 베르그송 버전의 시학 2부라고 해 두죠 뭐. 그러나 저는 아리스토텔레스의 〈시학〉보다는 베르그송의 〈웃음〉에 훨씬 더 공감합니다. 이 책 편집을 끝낸 시점이므로 더욱 그러하겠죠. (웃음) 비극이 주는 '카타르시스'

보다는 웃음이 주는 '사회적 제스처'가 더 이해하기 쉽다는 생각도 해요. 흔히들 베르그송 철학을 생의 철학이라고 하더군요. 베르그송 철학이 가장 잘 묻어 있는 이 책의 표현을 하나 꼽자면…, 저는 〈살아있는 생명체에 덧입혀진 기계적인 것〉을 꼽겠어요. 앞부분 '살아있는 생명체'는 베르그송이 염원하는 철학을 상징하는 것 같아요. 살아있는 생명의 약동이나 활기찬 자유 말이에요. 그런 부분이 베르그송이 추구하는 정신적인 면이겠지요. 하지만 베르그송은 관념적으로 흘러가지 않고 현실을 냉정하게 바라보는 철학자 같아요. 뒷부분 '덧입혀진 기계적인 것'이라는 유물론적인 고찰을 통해 웃음의 본질을 제시합니다. 책 곳곳에 베르그송 철학의 흔적이 남아있어요. '기계적인 것과 생명력 있는 것이 서로 긴밀히 연결되어 있다고 보는 관점'이 그러하고요. 변화를 그만둔다는 것은 살기를 그만둔다는 것임을 강조하면서 절대 반복되지 않는 생명의 근본 법칙을 말합니다. 하지만 우리 인간은 정신적인 면만 있는 게 아니라 물질적인 면이 있고, 베르그송은 그런 부분을 지적합니다. 이상하잖아요? 변화무쌍한 생명체에 변화 없는 기계장치라니. 그런 물질적이고 기계적인 비생명성이 웃음을 통해 사회적으로 교화되어 다시 생명력을 회복한다는 거, 정말 흥미로운 논리라고 생각해요. 이런 메시지가 독자들에게 잘 전해지기를 바랍니다.

영국인 특유의
말의 유머

마담쿠 | 제2장에서 저자는 말의 희극성을 다룹니다. 다양한 예시가 이어지고요. 저한테는 개인적으로 아주 반가운 예시가 있었어요. 책을 편집하다가 그만 크게 웃고 말았습니다. 고상한 것에서

상스러운 것으로, 보다 나은 것에서 보다 못한 것으로 전환하는 것이 희극적이라면, 그 반대는 더 희극적일 수 있다면서, "평판이 안 좋은 아이디어를 좋은 말로 표현하는 것, 수치스러운 상황이나 천한 직업, 불명예스러운 행동 등을 '극도의 품위를 갖춘 말로 표현'하는 것은 대개 희극적"이라고 저자가 말했잖아요? 그러면서 '품위'라는 단어를 영어로 표현한 이유는 이런 방식 자체가 다분히 영국적이기 때문이라는 겁니다. 바로 이 대목에서 제가 뿜었어요. 제가 여러 해 동안 영국에서 생활하면서 체험한 영국식 유머의 성격을 어쩌면 이렇게 제대로 표현하는지 그만…. 코디정은 어느 대목에서 웃음이 나왔나요?

비극과
희극의 차이

코디정 | (웃음) 여러 대목에서 웃

었어요. '기계적이고 반복적인 행동'이나 '얼빠진 모습'이 웃음의 원천이라고 적혀 있잖아요? 실험을 해봐야겠다는 생각에 그런 행동이나 모습을 아이들한테 한번 보여줬어요. 그랬더니 정말 웃더군요. 아, 이 책에 자세히 소개되어 있는 기법들을 실제로 사용해보면 좋겠구나, 라는 생각을 했습니다. 특히 기억에 남는 부분은 "고인은 고결하고 뚱뚱한 사람이었습니다"라는 예시를 제시하면서 〈정신적인 것이 중요한 상황에서 육체적인 것에 관심을 기울이게 만드는 것은 희극적이다.〉라는 설명이었습니다. 또한 비극과 희극의 차이점에 대한 저자의 설명도 인상적이었어요. "비극의 주인공은 먹지도, 마시지도, 불을 쬐지도 않습니다. 심지어 앉지도 않아요. 아무리 멋진 대사라 하더라도 도중에 앉는다면 육체의 존재를 상기시키기 때문입니다." 그러면서 나폴레옹 황제가 프로이센의 왕비를 앉게 하는 예시가지요.

우리가 지향하는 번역

마담쿠 | 번역되는 과정에서 의미가 상실되거나 손상을 입는 경우가 자주 발생합니다. 언어의 차이 때문에 어쩔 수 없이 생기는 문제인데요. 번역가는 독자에게 저자가 말하려는 의미를 전해야 하니까 이럴 때마다 고뇌할 것 같아요. 실수와 잘못의 문제라기보다는 지향성 혹은 방향성의 문제도 얽혀 있기도 하고요. '이쪽'은 독자를 바라보며 번역하는 길입니다. '저쪽'은 저자를 생각하면서 번역하는 길입니다. 우리는 어떤 길을 선택해야 하는 걸까요? 번역은 저자의 생각이 먼저 표현돼서 그걸 독자에게 전하는 작업이므로 결국은 저자가 선택한 단어 하나, 어구 한 개 놓치지 말아

야 하는 숙명이 있는 것 같아요. 저희 이소노미아는 '저쪽' 길을 갈 수밖에 없고요. '저쪽' 길을 택하면서 우리말의 수준과 가독성까지 높여야 하므로 보통 어려운 일이 아니에요. 그런 점에서 이 책을 이토록 훌륭하게 번역하신 신혜연 선생님에게 정말 감사해요. 독자 님들도 저희와 같은 마음일 거예요.

번역가의 말

신혜연 | 끊임없이 뒤돌아보면서 작업했습니다. 이 번역을 제게 의뢰하면서 이소노미아 출판사의 당부는 이런 것이었습니다. '학자가 아닌 평범한 한국인들도 쉽게 읽을 수 있는 번역'. 쉽게 이해할 수 있게 쓰려면, 원문을 완전히 이해한 상황에서 그걸 다시 역자의 언어로 풀어내야 합니다. 솔직히 겁이 났습니다. '주제에 맞지 않는 책을 덜컥 맡았구나', '이런 훌륭한 책을 잘못 번역하면 죄인이 되겠구나' 하는 심정이었습니다. 혹시나 잘못 이해해서 엉뚱한 방향으로 가는 것은 아닌지 하는 마음에, 끊임없이 뒤를 돌아보며 갔던 것 같아요. 자괴감이 들기도 했습니다. 안개 속을 더듬어 한 발 한 발 내딛는 기분이었습니다. 번역을 끝낸 후 한동안 다른 번역작업을 못할 정도였습니다. 그러므로 이 책이 독자에게 오래오래 사랑받기를 진심으로 바랍니다. 역자로서 더 성장한 기분도 듭니다. 역자로서 제 꿈은 꼭 필요한 책을 번역하는 것입니다. 누군가의 인생에 도움이 되는 책, 그런 책을 앞으로도 번역하고 싶습니다. 그리고 이 책이 그런 책이기를 희망합니다. 감사합니다.